폐허에 폐허에 눈이 내릴까

김수영 탄생 100주년 시그림집

폐허에 폐허에 눈이 내릴까

김수영 지음 · 박수연 엮음

교보문고

일러두기 ─────

- 이 책의 표기는 『김수영 육필시고 전집』(김수영 지음, 이영준 엮음, 민음사, 2009)의 시 원문에 따르는 것을 원칙으로 하였으며, 오기가 분명한 경우에 한해 바로 잡았다. 단, 띄어쓰기는 읽기 편하게 과거의 표기법을 현대어 표준맞춤법에 맞추어 고쳤다. 외래어도 현대의 표기법에 맞추어 고쳤으나 '텔레비'(「원효대사」)처럼 특정한 시대를 환기하는 단어의 경우 그대로 두었다.
- 이 책에 수록한 시는 총 10장으로 배열, 구성했다. 작품의 배열은 시집 『달나라의 장난』 수록작을 기준으로 삼았으며, 시집 이후의 작품은 육필원고를 기준으로 삼았다.
- 원문에 한자로 표기된 글자는 한글로 바꾸었고 필요한 경우에만 한자를 병기하였다.
- 이 책은 김수영의 작품 중 80편을 뽑아 엮은 시선집이다. 작품 선정에 관해서는 작품 해설에서 자세히 설명한다.
- 부록으로 김수영의 시세계를 이해할 수 있는 해설을 수록하였다.
- 이 책은 김수영 탄생 100주년을 기념하여 대산문화재단과 교보문고가 주최한 문학그림전의 도록을 겸하고 있으므로 문학그림전에 참여한 화가의 약력을 별도로 수록하였다.

차례

1. 비애

너를 잃고 _____ 13
구슬픈 육체 _____ 15
사무실 _____ 18
국립도서관 _____ 19
비 _____ 21
달밤 _____ 24
파리와 더불어 _____ 25
먼 곳에서부터 _____ 27
아픈 몸이 _____ 28

2. 환희

거리 2 _____ 35
밤 _____ 39
누이야 장하고나!—신귀거래 7 _____ 41
거대한 뿌리 _____ 43
미역국 _____ 47
풀의 영상 _____ 50
여름밤 _____ 52

3. 평온

아침의 유혹 _____ 57
나의 가족 _____ 58
여름 아침 _____ 61
봄밤 _____ 65
초봄의 뜰 안에 _____ 67
동맥 _____ 69
생활 _____ 71
이사 _____ 73

4. 고독

달나라의 장난 _____ 77
거미 _____ 81
도취의 피안 _____ 83
나비의 무덤 _____ 86
푸른 하늘을 _____ 89
여자 _____ 91

5. 사랑

애정지둔 _____ 95
풍뎅이 _____ 97
겨울의 사랑 _____ 100
사치 _____ 103
사랑 _____ 105
파밭 가에서 _____ 107
사랑의 변주곡 _____ 109

6. 존재

공자의 생활난 _____ 115
폭포 _____ 117
백지에서부터 _____ 118
절망 _____ 120
꽃잎 1 _____ 122
미인 _____ 125
풀 _____ 126

7. 참여

하…… 그림자가 없다 _____ 131
기도 _____ 134
육법전서와 혁명 _____ 136
중용에 대하여 _____ 139
"김일성 만세" _____ 142
그 방을 생각하며 _____ 144
연꽃 _____ 147
어느 날 고궁을 나오면서 _____ 149

8. 역사

가까이할 수 없는 서적 _____ 155
아메리카 타임지 _____ 157
광야 _____ 159
永田鉉次郎 _____ 161
현대식 교량 _____ 163
65년의 새해 _____ 165
이 한국문학사 _____ 169

9. 현대

구라중화 _____ 175
레이판 탄 _____ 179
헬리콥터 _____ 183
병풍 _____ 186
싸리꽃 핀 벌판 _____ 188
미스터 리에게 _____ 189
원효대사 _____ 192

10. 시로 쓴 시

음악 _____ 197
여름 뜰 _____ 200
구름의 파수병 _____ 202
서시 _____ 204
'4·19' 시 _____ 206
등나무-신귀거래 3 _____ 210
시 _____ 214
절망 _____ 216
장시 1 _____ 218
우리들의 웃음 _____ 221
시 _____ 223
말 _____ 224
적 2 _____ 226
눈 _____ 229

김수영 소개 _____ 231
작품 해설 _____ 237
시그림집 참여 화가들 _____ 254

1. 비애

너를 잃고

늬가 없어도 나는 산단다
억만 번 늬가 없어 설워한 끝에
억만 걸음 떨어져 있는
너는 억만 개의 모욕이다

나쁘지도 않고 좋지도 않은 꽃들
그리고 별과도 등지고 앉아서
모래알 사이에 너의 얼굴을 찾고 있는 나는 인제
늬가 없어도 산단다

늬가 없이 사는 삶이 보람 있기 위하여
나는 돈을 벌지 않고
늬가 주는 모욕의 억만 배의 모욕을 사기를 좋아하고
억만 인의 여자를 보지 않고 산다

나의 생활의 원주 위에 어느 날이고 늬가 서기를 바라고
나의 애정의 원주가 진정으로 위대하여지기 바라고

그리하여 이 공허한 원주가 가장 찬란하여지는 무렵
나는 또 하나 다른 유성을 향하여 달아날 것을 알고

이 영원한 숨바꼭질 속에서
나는 또한 영원히 늬가 없어도 살 수 있는 날을 기다려야 하겠다
나는 억만무려億萬無慮의 모욕인 까닭에.

⟨1953⟩

구슬픈 육체

불을 끄고 누웠다가
잊어지지 않는 것이 있어
다시 일어났다

암만해도 잊어버리지 못할 것이 있어 다시 불을 켜고 앉았을 때는 이미 내가 찾던 것은 없어졌을 때

반드시 찾으려고 불을 켠 것도 아니지만
없어지는 자체를 보기 위하여서만 불을 켠 것도 아닌데
잊어버려서 아까운지 아까웁지 않은지 헤아릴 사이도 없이 불은 켜지고

나는 잠시 아름다운 통각統覺과 조화와 영원과 귀결을 찾지 않으려 한다

어둠 속에 본 것은 청춘이었는지 대지의 진동이었는지
나는 자꾸 땅만 만지고 싶었는데
땅과 몸이 일체가 되기를 원하며 그것만을 힘삼고 있었는데

오히려 그러한 불굴의 의지에서 나오는 것인가
어둠 속에서 일순간을 다투며

없어져버린 애처롭고 아름답고 화려하고 부박한 꿈을 찾으려 하는 것은

생활이여 생활이여
잊어버린 생활이여
너무나 멀리 잊어버려 천상의
무슨 등대같이 까마득히 사라져버린 귀중한 생활들이여

말없는 생활들이여
마지막에는 해저의 풀떨기같이 혹은 책상에 붙은 민민한 판때기처럼 무감각하게 될 생활이여

조화가 없어 아름다웠던 생활을 조화를 원하는 가슴으로 찾을 것은 아니로나
조화를 원하는 심장으로 찾을 것은 아니로나

지나간 생활을 지나간 벗같이 여기고
해 지자 헤어진 구슬픈 벗같이 여기고
잊어버린 생활을 위하여 불을 켜서는 아니 될 것이지만
천사같이 천사같이 흘려버릴 것이지만

아아 아아 아아
불은 켜지고
나는 쉴 사이 없이 가야 하는 몸이기에

구슬픈 육체여

⟨1954⟩

사무실

남의 일하는 곳에 와서 아무 목적 없이 앉았으면 어떻게 하리
남이 일하는 모양이 내가 일하고 있는 것보다 더 밝고 깨끗하고 아름다웁게 보이면 어떻게 하리

일한다는 의미가 없어져도 좋다는 듯이 구수한 벗이 있는 곳
너는 나와 함께 못난 놈이면서도 못난 놈이 아닌데
쓸데없는 도면 위에 글씨만 박고 있으면 어떻게 하리
엄숙하지 않은 일을 하는 곳에 사는 친구를 찾아왔다
이 사무실도 네가 만든 것이며
이 많은 의자도 네가 만든 것이며
네가 그리고 있는 종이까지 네가 제지製紙한 것이며
청결한 공기조차 어지러웁지 않은 것이
오히려 너의 냄새가 없어서 심심하다

남의 일하는 곳에 와서 덧없이 앉았으면 비로소 설워진다
어떻게 하리
어떻게 하리

〈1954〉

국립도서관

모두들 공부하는 속에 와 보면 나도 옛날에 공부하던 생각이 난다
그리고 그 당시의 시대가 지금보다 훨씬 좋았다고
누구나 어른들은 말하고 있으나
나는 그 우열을 따지고 싶지는 않다
그러나 '그때는 그때이고 지금은 지금이라'고
구태여 달관하고 있는 지금의 내 마음에
샘솟아 나오려는 이 설움은 무엇인가
모독당한 과거일까
약탈된 소유권일까
그대들 어린 학도들과 나 사이에 놓여 있는
연령의 넘지 못할 차이일까……

전쟁의 모든 파괴 속에서
불사조같이 살아난 너의 몸뚱아리—
우주의 파편같이
혹은 혜성같이 반짝이는
무수한 잔재 속에 담겨 있는 또 이 무수한 몸뚱아리—들은
지금 무엇을 예의銳意 연마하고 있는가

흥분할 줄 모르는 나의 생리와
방향을 가리지 않고 서 있는 서가 사이에서

도적질이나 하듯이 희끗희끗 내어다보는 저 흰 벽들은
무슨 조류의 시뇨屎尿와도 같다

오 죽어 있는 방대한 서책들

너를 보는 설움은 피폐한 고향의 설움일지도 모른다
예언자가 나지 않는 거리로 창이 난 이 도서관은
창설의 의도부터가 풍자적이었는지도 모른다

모두들 공부하는 속에 와보면 나도 옛날에 공부하던 생각이 난다
〈1955〉

시뇨 대변과 소변을 아울러 이르는 말.

비

비가 오고 있다
여보
움직이는 비애를 알고 있느냐

명령하고 결의하고
'평범하게 되려는 일' 가운데에
해초처럼 움직이는
바람에 나부껴서 밤을 모르고
언제나 새벽만을 향하고 있는
투명한 움직임의 비애를 알고 있느냐
여보
움직이는 비애를 알고 있느냐

순간이 순간을 죽이는 것이 현대
현대가 현대를 죽이는 '종교'
현대의 종교는 '출발'에서 죽는 영예
그 누구의 시처럼

    그러나 여보
    비오는 날의 마음의 그림자를
    사랑하라

　　　　너의 벽에 비치는 너의 머리를
　　　　사랑하라
비가 오고 있다
움직이는 비애여

결의하는 비애
변혁하는 비애……
현대의 자살
그러나 오늘은 비가 너 대신 움직이고 있다
무수한 너의 '종교'를 보라

계사鷄舍 위에 울리는 곡괭이 소리
동물의 교향곡
잠을 자면서 머리를 식히는 사색가
―모든 곳에 너무나 많은 움직임이 있다

여보
비는 움직임을 제制하는 결의
움직이는 휴식

여보

계사　닭장.
제하는　절제하는, 억제하는.

그래도 무엇인가가 보이지 않느냐
그래서 비가 오고 있는데!

〈1958〉

달밤

언제부터인지 잠을 빨리 자는 습관이 생겼다
밤거리를 방황할 필요가 없고
착잡한 머리에 책을 집어들 필요가 없고
마지막으로 몽상을 거듭하기도 피곤해진 밤에는
시골에 사는 나는—
달 밝은 밤을
언제부터인지 잠을 빨리 자는 습관이 생겼다

이제 꿈을 다시 꿀 필요가 없게 되었나 보다
나는 커단 서른아홉 살의 중턱에 서서
서슴지 않고 꿈을 버린다

피로를 알게 되는 것은 과연 슬픈 일이다
밤이여 밤이여 피로한 밤이여

〈1959. 5. 22.〉

커단 커다란.

파리와 더불어

다병多病한 나에게는
파리도 이미 어제의 파리는 아니다

이미 오래전에 일과를 전폐해야 할
문명이
오늘도 또 나를 이렇게 괴롭힌다

싸늘한 가을바람 소리에
전통은
새처럼 겨우 나무 그늘 같은 곳에
정처를 찾았나보다

병을 생각하는 것은
병에 매어달리는 것은
필경 내가 아직 건강한 사람이기 때문이리라
거대한 비애를 갖고 있는 사람이기 때문이리라
거대한 여유를 갖고 있는 사람이기 때문이리라

저 광막한 양지쪽에 반짝거리는
파리의 소리 없는 소리처럼
나는 죽어가는 법을 알고 있는 사람이기 때문이리라

⟨1960. 2.⟩

김선두, 먼 곳에서부터, 장지에 분채, 73×61cm, 2021

먼 곳에서부터

먼 곳에서부터
먼 곳으로
다시 몸이 아프다

조용한 봄에서부터
조용한 봄으로
다시 내 몸이 아프다

여자에게서부터
여자에게로

능금꽃으로부터
능금꽃으로……

나도 모르는 사이에
내 몸이 아프다

〈1961. 9. 30.〉

아픈 몸이

아픈 몸이
아프지 않을 때까지 가자
골목을 돌아서
베레모는 썼지만
또 골목을 돌아서
신이 찢어지고
온 몸에서 피는
빠르지도 더디지도 않게 흐르는데
또 골목을 돌아서
추위에 온몸이
돌같이 감각을 잃어도
또 골목을 돌아서

아픔이
아프지 않을 때는
그 무수한 골목이 없어질 때

    (이제부터는
    즐거운 골목
    그 골목이
    나를 돌리라

─아니 돌다 말리라)

아픈 몸이
아프지 않을 때까지 가자
나의 발은 절망의 소리
저 말馬도 절망의 소리
병원 냄새에 휴식을 얻는
소년의 흰 볼처럼
교회여
이제는 나의 이 늙지도 젊지도 않은 몸에
해묵은
1961개의
곰팡내를 풍겨 넣어라
오 썩어가는 탑
나의 연령
혹은
4294알의
구슬이라도 된다
아픈 몸이
아프지 않을 때까지 가자
온갖 식구와 온갖 친구와
온갖 적들과 함께
적들의 적들과 함께
무한한 연습과 함께

〈1961〉

서은애, 아픈 몸이, 종이에 채색, 194.5×46×7.5cm, 2017

2. 환희

거리 2

돈을 버는 거리의 부인이여
잠시 눈살을 펴고
눈에서는 독기를 빼고
자유로운 자세를 취하여 보아라

여기는 서울 안에서도 가장 번잡한 거리의 한 모퉁이
나는 오늘 세상에 처음 나온 사람 모양으로 쾌활하다
피곤을 잊어버리게 하는 밝은 태양 밑에는
모든 사람에게 불가능한 일이 없는 듯하다
나폴레옹만 한 호기는 없어도
나는 거리의 운명을 보고
달콤한 마음에 싸여서
어디로 가야 할지 모르는 마음—
무한히 망설이는 이 마음은 어둠과 절망의 어제를 위하여
사는 것이 아니고
너무나 기쁜 이 마음은 무슨 까닭인지 알 수는 없지만
확실히 어리석음에서 나오는 것은
아닐 텐데
—극장이여
나도 지나간 날에는 배우를 꿈꾸고 살던 때가 있었단다
무수한 웃음과 벅찬 감격이여 소생하여라

거리에 굴러다니는 보잘것없는 설움이여
진시왕만큼은 강하지 않아도
나는 모든 사람의 고민을 아는 것 같다
어두운 도서관 깊은 방에서 육중한 백과사전을 농락하는 학자처럼
나는 그네들의 고민에 대하여만은
투철한 자신이 있다

지-프차를 타고 가는 어느 젊은 사람이
유쾌한 표정으로 활발하게 길을 건너가는 나에게
인사를 한다
옛날의 동창생인가 하고 고개를 기웃거려보았으나
그는 그 사람이 아니라
○○부의 어마어마한 자리에 앉은
과장이며 명사이다

　사막의 한끝을 찾아가는 먼 나라의 외국사람처럼 나는 어디로 가야 할지 모르겠다

　지금은 이 번잡한 현실 우에 하나하나 환상을 붙여서 보지 않아도 좋다
　꺼먼 얼굴이며 노란 얼굴이며 찌그러진 얼굴이며가 모두 환상과 현실의 중간에 서서 있기에
　나는 식인종같이 잔인한 탐욕과 강렬한 의욕으로 그중의 하나하나를 일일이 뚫어져라 하고 들여다보는 것이지만

나의 마음은 달과 바람 모양으로
서늘하다

그네, 마지막으로
돈을 버는 거리의 부인이여
잠시 눈살을 펴고
찌그러진 입술을 펴라
그네의 얼굴이 나의 눈앞에서
어린아이들이 가지고 노는 도르라미 모양으로 세찬 바람에 매암을 돌기 전에

도회의 흑점—
오늘은 그것을 운운할 날이 아니다
나는 오늘 세상에 처음 나온 사람 모양으로 쾌활하다
—코에서 나오는 쇠 냄새가 그리웁다
내가 잠겨 있는 정신의 초점은 감상과 향수가 아닐 것이다
정적이 나의 가슴에 있고
부드러움이 바로 내가 따라가는 것인 이상
나의 긍지는 애드벌룬보다는 좀더 무거울 것이며
예지는 어느 연통보다도 훨씬 뾰죽하고 날카로울 것이다

암흑과 맞닿는 나의 생명이여

도르라미 바람개비.

거리의 생명이여
거만과 오만을 잊어버리고
밝은 대낮에라도 겸손하게 지내는 묘리를 배우자

여기는 좁은 서울에서도 가장 번거로운 거리의 한 모퉁이
우울 대신에 수많은 기폭을
흔드는 쾌활
잊어버린 수많은 시편을 밟고 가는 길가에
영광의 집들이여 점포여 역사여
바람은 면도날처럼 날카로웁건만
어디까지 명랑한 나의 마음이냐
구두여 양복이여 노점상이여
인쇄소여 입장권이여 부채負債여 여인이여
그리고 여인 중에도 가장 아름다운 그네여
돈을 버는 거리의 부인들의
어색한 모습이여

〈1955. 9. 3.〉

밤

부정不正한 마음아

밤이 밤의 창을 때리는구나

너는 이런 밤을 무수한 거부 속에 헛되이 보냈구나

또 지금 헛되이 보내고 있구나

하늘아래 비치는 별이 아깝구나

사랑이여

무된 밤에는 무된 사람을 축복하자

〈1958〉

무된 분별없이 저돌적이라는 의미. '무딘'으로 오해되기도 하지만 시인이 선택한 시어이므로 그 의미를 정확히 해석할 필요가 있다.

서은애, 밤, 종이에 채색, 57×81cm, 2019~2021

누이야 장하고나!
―신귀거래 7

누이야
풍자가 아니면 해탈이다
너는 이 말의 뜻을 아느냐
너의 방에 걸어 놓은 오빠의 사진
나에게는 '동생의 사진'을 보고도
나는 몇 번이고 그의 진혼가를 피해왔다
그전에 돌아간 아버지의 진혼가가 우스꽝스러웠던 것을 생각하고
그래서 나는 그 사진을 십 년 만에 곰곰이 정시正視하면서
이내 거북해서 너의 방을 뛰쳐나오고 말았다
십 년이란 한 사람이 준 상처를 다스리기에는 너무나 짧은 세월이다

누이야
풍자가 아니면 해탈이다
네가 그렇고
내가 그렇고
네가 아니면 내가 그렇다
우스운 것이 사람의 죽음이다
우스워하지 않고서 생각할 수 없는 것이 사람의 죽음이다
팔월의 하늘은 높다
높다는 것도 이렇게 웃음을 자아낸다

누이야
나는 분명히 그의 앞에 절을 했노라
그의 앞에 엎드렸노라
모르는 것 앞에는 엎드리는 것이
모르는 것 앞에는 무조건하고 숭배하는 것이
나의 습관이니까
동생뿐이 아니라
그의 죽음뿐이 아니라
혹은 그의 실종뿐이 아니라
그를 생각하는
그를 생각할 수 있는
너까지도 다 함께 숭배하고 마는 것이
숭배할 줄 아는 것이
나의 인내이니까

"누이야 장하고나!"
나는 쾌활한 마음으로 말할 수 있다
이 광대한 여름날의 착잡한 숲속에
홀로 서서
나는 돌풍처럼 너한테 말할 수 있다
모든 산봉우리를 걸쳐온 돌풍처럼
당돌하고 시원하게
도회에서 달아나온 나는 말할 수 있다
"누이야 장하고나!"

〈1961. 8. 5.〉

거대한 뿌리

나는 아직도 앉는 법을 모른다
어쩌다 셋이서 술을 마신다 둘은 한 발을 무릎 위에 얹고
도사리지 않는다 나는 어느새 남쪽식으로
도사리고 앉았다 그럴 때는 이 둘은 반드시
이북 친구들이기 때문에 나는 나의 앉음새를 고친다
8·15 후에 김병욱이란 시인은 두 발을 뒤로 꼬고
언제나 일본 여자처럼 앉아서 변론을 일삼았지만
그는 일본 대학에 다니면서 4년 동안을 제철회사에서
노동을 한 강자다

나는 이사벨 버드 비숍 여사와 연애하고 있다 그녀는
1893년에 조선을 처음 방문한 영국 왕립지학협회 회원이다
그녀는 인경전의 종소리가 울리면 장안의
남자들이 모조리 사라지고 갑자기 부녀자의 세계로
화하는 극적인 서울을 보았다 이 아름다운 시간에는
남자로서 거리를 무단통행할 수 있는 것은 교군꾼,
내시, 외국인의 종놈, 관리들뿐이었다 그리고

비숍 Isabella Bird Bishop. 영국의 여행가, 작가, 지리학자로 19세기 한국을 방문한 후《한국과 그 이웃 나라들》이라는 책을 집필했다.
인경전 현재의 보신각.
교구꾼 가마꾼.

심야에는 여자는 사라지고 남자가 다시 오입을 하러
활보하고 나선다고 이런 기이한 관습을 가진 나라를
세계 다른 곳에서는 본 일이 없다고
천하를 호령한 민비는 한 번도 장안 외출을 하지 못했다고……

전통은 아무리 더러운 전통이라도 좋다 나는 광화문
네거리에서 시구문의 진창을 연상하고 인환네
처갓집 옆의 지금은 매립한 개울에서 아낙네들이
양잿물 솥에 불을 지피며 빨래하던 시절을 생각하고
이 우울한 시대를 파라다이스처럼 생각한다

버드 비숍 여사를 안 뒤부터는 썩어 빠진 대한민국이
괴롭지 않다 오히려 황송하다 역사는 아무리
더러운 역사라도 좋다
진창은 아무리 더러운 진창이라도 좋다
나에게 놋주발보다도 더 쨍쨍 울리는 추억이
있는 한 인간은 영원하고 사랑도 그렇다

비숍 여사와 연애를 하고 있는 동안에는 진보주의자와
사회주의자는 네에미 씹이다 통일도 중립도 개좆이다
은밀隱密도 심오深奧도 학구도 체면도 인습도 치안국

시구문 시체를 내가는 문이라는 뜻으로, '수구문'을 달리 이르던 말.
인환 시인 박인환.

으로 가라 동양척식회사, 일본영사관, 대한민국 관리,
아이스크림은 미국놈 좆대강이나 빨아라 그러나
요강, 망건, 장죽, 종묘상, 장전, 구리개 약방, 신전,
피혁점, 곰보, 애꾸, 애 못 낳는 여자, 무식쟁이,
이 모든 무수한 반동反動이 좋다
이 땅에 발을 붙이기 위해서는
―제3인도교의 물속에 박은 철근 기둥도 내가 내 땅에
박는 거대한 뿌리에 비하면 좀벌레의 솜털
내가 내 땅에 박는 거대한 뿌리에 비하면

괴기 영화의 맘모스를 연상시키는
까치도 까마귀도 응접을 못하는 시꺼먼 가지를 가진
나도 감히 상상을 못하는 거대한 거대한 뿌리에 비하면……

〈1964. 2. 3.〉

구리개 지금의 을지로.

박영근, 거대한 뿌리, 60.6×72.7cm, 캔버스에 유화, 2021

미역국

미역국 위에 뜨는 기름이
우리의 역사를 가르쳐 준다 우리의 환희를
풀 속에서는 노란 꽃이 지고 바람 소리가 그릇 깨지는
소리보다 더 서걱거린다—우리는 그것을 영원의
소리라고 부른다

해는 청교도가 대륙 동부에 상륙한 날보다 밝다
우리의 재灰, 우리의 서걱거리는 말이여
인생과 말의 간결—우리는 그것을 전투의
소리라고 부른다

미역국은 인생을 거꾸로 걷게 한다 그래도 우리는
삼십 대보다는 약간 젊어졌다 육십이 넘으면 좀 더
젊어질까 기관포나 뗏목처럼 인생도 인생의 부분도
통째 움직인다—우리는 그것을 빈궁의
소리라고 부른다

오오 환희여 미역국이여 미역국에 뜬 기름이여 구슬픈 조상이여
가뭄의 백성이여 퇴계든 정다산이든 수염 난 영감이면
복덕방 사기꾼도 도적놈 지주라도 좋으니 제발 순조로워라
자칭 예술파 시인들이 아무리 우리의 능변을 욕해도—이것이

환희인 걸 어떻게 하랴

인생도 인생의 부분도 통째 움직인다―우리는 그것을
결혼의 소리라고 부른다

〈1965. 6. 2.〉

이광호, 미역국, 캔버스에 유화, 72.7×60.6cm, 2021

풀의 영상

고민이 사라진 뒤에
이슬이 앉은 새봄의 낯익은 풀빛의 영상이
떠오르고 나서도
그것은 또 한참 시간이 필요했다
  시계를 맞추기 전에
  라디오의 시종時鐘이 나오기를 기다리는 것처럼
  안타깝다

봄이 오기 전에 속옷을 벗고 너무 시원해서 설워지듯이
성급한 우리들은 이 발견과 실감 앞에 서럽기까지도 하다
  전 아시아의 후진국 전 아프리카의 후진국
  그 섬조각 반도조각 대륙조각이
  이 발견의 봄이 오기 전에 옷을 벗으려고
  뚜껑이 열렸다 닫히는 소리

라디오의 시종을 고하는 소리 대신에 서도가西道歌와
목사의 열띤 설교 소리와 심포니가 나오지만
  이 소음들은 나의 푸른 풀의 가냘픈
  영상을 꺾지 못하고

서도가 서도민요.

그 영상의 전후의 고민의 환희를 지우지 못한다

나는 옷을 벗는다 엉클 쌤을 위해서
아시아와 아프리카의 무거운 겨울옷을 벗는다
      겨울옷의 영상도 충분하다 누더기 누빈 옷
      가죽옷 융옷 솜이 몰린 솜옷……
그러다가 나는 드디어 월남인이 되기까지도 했다
엉클 쌤에게 학살당한
월남인이 되기까지도 했다

〈1966. 3. 7.〉

여름밤

지상의 소음이 번성하는 날은
하늘의 소음도 번쩍인다
여름은 이래서 좋고 여름밤은
이래서 더욱 좋다

소음에 시달린 마당 한구석에
철 늦게 핀 여름 장미의 흰 구름
소나기가 지나고 바람이 불 듯
하더니 또 안 불고
소음은 더욱 번성해진다

사람이 사람을 아끼는 날
소음이 더욱 번성하다 남은 날
사람이 사람을 사랑하던 날
소음이 더욱 번성하기 전날
우리는 언제나 소음의 2층

땅의 2층이 하늘인 것처럼
이렇게 인정人情의 하늘이 가까워진
일이 없다 남을 불쌍히 생각함은
나를 불쌍히 생각함이라

나와 또 나의 아들까지도

사람이 사람을 사랑하다 남은 날
땅에만 소음이 있는 줄만 알았더니
하늘에도 천둥이, 우리의 귀가
들을 수 없는 더 큰 천둥이 있는 줄
알았다 그것이 먼저 있는 줄 알았다

지상의 소음이 번성하는 날은
하늘의 천둥도 번쩍인다
여름밤은 깊을수록
이래서 좋아진다

〈1967. 7. 27.〉

3. 평온

아침의 유혹

나는 발가벗은 아내의 목을 끌어안았다
산림과 시간이 오는 것이다
서울역에는 화환이 처음 생生기고
나는 추수하고 돌아오는 백부伯父를 기대期待렸다
그래 도무지 모―두가 미칠 것만 같았다
무지무지한 갱부坑夫는 나에게 글을 가르쳤다
그것은 천자문이 되는지도 나는 모르고 있었다
스푼과 성냥을 들고 탄광에서 나는 나왔다
물속 모래알처럼
소박한 습성은 나의 아내의 밑소리부터 시작되었다
어느 교과서에도 질투의 감격은 무수하다
먼 시간을 두고 물속을 흘러온 흰모래처럼 그들은 온다
UN위원단이 매일 오는 것이다
화환이 화판花瓣이 서울역에서 날아온다
모자 쓴 청년이여 유혹이여
아침의 유혹이여

〈1949〉

갱부 광산에서 채굴 작업을 하는 인부.

나의 가족家族

고색이 창연한 우리 집에도
어느덧 물결과 바람이
신선한 기운을 가지고 쏟아져 들어왔다

이렇게 많은 식구들이
아침이면 눈을 부비고 나가서
저녁에 들어올 때마다
먼지처럼 인색하게 묻혀 가지고 들어온 것

얼마나 장구한 세월이 흘러갔던가
파도처럼 옆으로
혹은 세대를 가리키는 지층의 단면처럼 억세고도 아름다운 색깔―

누구 한 사람의 입김이 아니라
모든 가족의 입김이 합치어진 것
그것은 저 넓은 문창호의 수많은 틈 사이로 흘러들어오는 겨울바람보다도 나의 눈을 밝게 한다*

조용하고 늠름한 불빛 아래
가족들이 저마다 떠드는 소리도
귀에 거슬리지 않는 것은

내가 그들에게 전령全靈을 맡긴 탓인가
내가 지금 순한 고개를 숙이고
온 마음을 다하여 즐기고 있는 서책은
위대한 고대 조각의 사진

그렇지만
구차한 나의 머리에
성스러운 향수鄕愁와 우주의 위대감을
담아주는 삽시간의 자극을**
나의 가족들의 기미 많은 얼굴에
비하여 보아서는 아니 될 것이다***

제각각 자기 생각에 빠져 있으면서
그래도 조금이나 부자연한 곳이 없는
이 가족의 조화와 통일을
나는 무엇이라고 불러야 할 것이냐

차라리 위대한 것을 바라지 말았으면
유순한 가족들이 모여서
죄 없는 말을 주고받는
좁아도 좋고 넓어도 좋은 방 안에서
나의 위대의 소재所在를 생각하고 더듬어 보고 짚어 보지 않았으면

거칠기 짝이 없는 우리 집안의

한없이 순하고 아득한 바람과 물결—
이것이 사랑이냐
낡아도 좋은 것은 사랑뿐이냐

〈1954〉

---

* 육필원고와 잡지 발표본(『시와 비평』 2집, 1956.8)을 참고하여 행갈이를 하지 않고 한 행으로 처리하였음.
** 『김수영 전집 1』에서는 위 시행과 연결된 한 행으로 처리되었으나 여기에서는 육필원고를 참고하여 별개의 행으로 구분하였음
*** 『김수영 전집 1』에서는 위 시행과 연결된 한 행으로 처리되었으나 여기에서는 육필원고를 참고하여 별개의 행으로 구분하였음

여름 아침

여름 아침의 시골은 가족과 같다
햇살을 모자같이 이고 앉은 사람들이 밭을 고르고
우리 집에도 어저께는 무씨를 뿌렸다
원활하게 굽은 산등성이를 바라보며
나는 지금 간밤의 쓰디쓴 후각과 청각과 미각과 통각統覺마저 잊어버리려고 한다

물을 뜨러 나온 아내의 얼굴은
어느 틈에 저렇게 검어졌는지 모르나
차차 시골 동리 사람들의 얼굴을 닮아간다
뜨거워질 햇살이 산 위를 걸어 내려온다
가장 아름다운 이기적인 시간 위에서
나는 나의 검게 타야 할 정신을 생각하며
구별을 용사하지 않는
밭고랑 사이를 무겁게 걸어간다

고뇌여

강물은 도도하게 흘러 내려가는데

용사 용서하여 놓아줌.

천국도 지옥도 너무나 가까운 곳

사람들이여
차라리 숙련이 없는 영혼이 되어
씨를 뿌리고 밭을 갈고 가래질을 하고 고물개질을 하자

여름 아침에는
자비로운 하늘이 무수한 우리들의 사진을 찍으리라
단 한 장의 사진을 찍으리라

〈1956〉

고물개질 땅을 평탄하게 만드는 작업.

김선두, 여름 아침, 장지에 먹·분채, 53×45.5cm, 2021

임춘희, 봄밤, 캔버스에 유화, 22×27.3cm, 2016-2021

봄밤

애타도록 마음에 서둘지 말라
강물 위에 떨어진 불빛처럼
혁혁한 업적을 바라지 말라
개가 울고 종이 들리고 달이 떠도
너는 조금도 당황하지 말라
술에서 깨어난 무거운 몸이여
오오 봄이여

한없이 풀어지는 피곤한 마음에도
너는 결코 서둘지 말라
너의 꿈이 달의 행로와 비슷한 회전을 하더라도
개가 울고 종이 들리고
기적 소리가 과연 슬프다 하더라도
너는 결코 서둘지 말라
서둘지 말라 나의 빛이여
오오 인생이여

재앙과 불행과 격투와 청춘과 천만인의 생활과
그러한 모든 것이 보이는 밤
눈을 뜨지 않은 땅속의 벌레같이
아둔하고 가난한 마음은 서둘지 말라

애타도록 마음에 서둘지 말라
절제여
나의 귀여운 아들이여
오오 나의 영감靈感이여

〈1957〉

초봄의 뜰 안에

초봄의 뜰 안에 들어오면
서편으로 난 난간문 밖의 풍경은
모름지기
보이지 않고

황폐한 강변을
영혼보다도 더 새로운 해빙의 파편이
저 멀리
흐른다

보석 같은 아내와 아들은
화롯불을 피워 가며 병아리를 기르고
짓이긴 파 냄새가 술 취한
내 이마에 신약처럼 생긋하다

흐린 하늘에 이는 바람은
어제가 다르고 오늘이 다른데
옷을 벗어 놓은 나의 정신은
늙은 바위에 앉은 이끼처럼 추워라

겨울이 지나간 밭고랑 사이에 남은

고독은 신의 무재조無才操*와 사기라고
하여도 좋았다

〈1958〉

동맥 冬麥

내 몸은 아파서
태양에 비틀거린다
내 몸은 아파서
태양에 비틀거린다

믿는 것이 있기 때문이다
믿는 것이 있기 때문이다
광선의 미립자와 분말이 너무도 시들하다
(압박해 주고 싶다)
뒤집어진 세상의 저쪽에서는
나는 비틀거리지도 않고 타락도 안 했으리라

그러나 이 눈망울을 휘덮는 시퍼런 작열의 의미가 밝혀지기까지는
나는 여기에 있겠다

햇빛에는 겨울 보리에 싹이 트고
강아지는 낑낑거리고
골짜기들은 평화롭지 않으냐—
평화의 의지를 말하고 있지 않으냐

울고 간 새와

울러 올 새의
적막 사이에서

〈1958〉

* 육필원고와 시집 『달나라의 장난』에서 한자어 '無才操'가 사용되었으나, 시인 사후의 『김수영 전집 1』 개정판(2018)부터 '무재주'로 표기되었다.

생활

시장 거리의 먼지 나는 길 옆의
좌판 위에 쌓인 호콩 마마콩 멍석의
호콩 마마콩이 어쩌면 저렇게 많은지
나는 저절로 웃음이 터져 나왔다

모든 것을 제압하는 생활 속의
애정처럼
솟아오른 놈

(유년의 기적을 잃어버리고
얼마나 많은 세월이 흘러갔나)

여편네와 아들놈을 데리고
낙오자처럼 걸어가면서
나는 자꾸 허허…… 웃는다

무위와 생활의 극점을 돌아서
나는 또 하나의 생활의 좁은 골목 속으로

호콩 땅콩.
마마콩 잠두를 뜻하며 누에콩, 작두콩으로도 불린다.

들어서면서
이 골목이라고 생각하고 무릎을 친다

생활은 고절이며
비애이었다
그처럼 나는 조용히 미쳐간다
조용히 조용히……

〈1959. 4. 30.〉

고절 외로움.

이사 移舍

이제 나의 방은 막다른 방
이제 나의 방의 옆방은 자연이다
푸석한 암석이 쌓인 산기슭이
그치는 곳이라고 해도 좋다
거기에는 반드시 구름이 있고
갯벌에 고인 게으른 물이
벌레가 뜰 때마다 눈을 껌벅거리고
그것이 보기 싫어지기 전에
그것을 차단할
가까운 거리의 부엌문이 있고
아내는 집들이를 한다고
저녁 대신 뻘건 팥죽을 쑬 것이다

〈1964. 9. 10.〉

이인, 이사, 캔버스에 혼합 재료, 24.2×33.3cm, 2021

4. 고독

달나라의 장난*

팽이가 돈다
어린아해** 어른이고 살아가는 것이 신기로워
물끄러미 보고 있기를 좋아하는 나의 너무 큰 눈 앞에서
아해가 팽이를 돌린다
살림을 사는 아해들도 아름다웁 듯이
노는 아해도 아름다워 보인다고 생각하면서
손님으로 온 나는 이 집 주인과의 이야기도 잊어버리고
또 한번 팽이를 돌려주었으면 하고 원하는 것이다
도회 안에서 쫓겨 다니는 듯이 사는
나의 일이며
어느 소설보다도 신기로운 나의 생활이며
모두 다 내던지고
점잖이 앉은 나의 나이와 나이가 준 나의 무게를 생각하면서
정말 속임 없는 눈으로
지금 팽이가 도는 것을 본다
그러면 팽이가 까맣게 변하여 서서 있는 것이다
누구 집을 가보아도 나 사는 곳보다는 여유가 있고
바쁘지도 않으니
마치 별세계같이 보인다
팽이가 돈다
팽이가 돈다

팽이 밑바닥에 끈을 돌려 매이니 이상하고
손가락 사이에 끈을 한끝 잡고 방바닥에 내어던지니
소리 없이 회색빛으로 도는 것이
오래 보지 못한 달나라의 장난 같다
팽이가 돈다
팽이가 돌면서 나를 울린다
제트기 벽화 밑의 나보다 더 뚱뚱한 주인 앞에서
나는 결코 울어야 할 사람은 아니며
영원히 나 자신을 고쳐 가야 할 운명과 사명에 놓여 있는 이 밤에
나는 한사코 방심조차 하여서는 아니 될 터인데
팽이는 나를 비웃는 듯이 돌고 있다
비행기 프로펠러보다는 팽이가 기억이 멀고
강한 것보다는 약한 것이 더 많은 나의 착한 마음이기에
팽이는 지금 수천 년 전의 성인과 같이
내 앞에서 돈다
생각하면 서러운 것인데
너도 나도 스스로 도는 힘을 위하여
공통된 그 무엇을 위하여 울어서는 아니 된다는 듯이
서서 돌고 있는 것인가
팽이가 돈다
팽이가 돈다

〈1953〉

* 육필원고는 '작란'과 '작란' 두 가지로 표기했으며, 시집 『달나라의 장난』은
'장난'으로 표기했다. 시인이 최종적으로 승인했을 시집을 따라 '장난'으로
표기한다.
** 시집 『달나라의 장난』은 육필원고의 '작란(作亂)'을 '장난'으로 고치면서도
'아해(兒孩)'는 '아이'로 고치지 않고 '아해'로 적고 있다.

박영근, 달나라의 장난, 72.7×92cm, 캔버스에 유화, 2021

거미

　내가 으스러지게 설움에 몸을 태우는 것은 내가 바라는 것이 있기 때문이다.

　그러나 나는 그 으스러진 설움의 풍경마저 싫어진다.

　나는 너무나 자주 설움과 입을 맞추었기 때문에
가을바람에 늙어가는 거미처럼
몸이 까맣게 타버렸다.*

〈1954. 10. 5.〉

---

* "몸이 까맣게 타버렸다."라는 시행은 『김수영 전집 1』에서는 앞의 시행 "가을바람에 늙어가는 거미처럼"에 연결되어 하나의 행으로 처리되어 있다. 이 시의 판본은 현재 육필원고뿐이고, 이 육필원고는 위 시처럼 두 행으로 구분하고 있다.

박영근, 거미, 45.5×53cm, 캔버스에 유화, 2021

도취의 피안

내가 사는 지붕 위를 흘러가는 날짐승들이
울고 가는 울음소리에도
나는 취하지 않으련다

사람이야 말할 수 없이 애처로운 것이지만
내가 부끄러운 것은 사람보다도
저 날짐승이라 할까
내가 있는 방 위에 와서 앉거나
또는 그의 그림자가 혹시나 떨어질까 보아 두려워하는 것도
나는 아무것에도 취하여 살기를 싫어하기 때문이다

하루에 한번씩 찾아오는
수치와 고민의 순간을 너에게 보이거나
들키거나 하기가 싫어서가 아니라

나의 얇은 지붕에서 솔개미 같은*
사나운 놈이 약한 날짐승들이 오기를 노리면서 기다리고
더운 날과 추운 날을 가리지 않고
늙은 버섯처럼 숨어 있기 때문에도 아니다

날짐승의 가는 발가락 사이에라도 잠겨있을 운명—

그것이 사람의 발자국 소리보다도
나에게 시간을 가르쳐주는 것이 나는 싫다

나야 늙어가는 몸 우에 하잘것없이 앉아 있으면 그만이고
너는 날아가면 그만이지만
잠시라도 나는 취하는 것이 싫다는 말이다

나의 초라한 검은 지붕에
너의 날개소리를 남기지 말고
네가 던지는 조그마한 그림자가 무서워 벌벌 떨고 있는
나의 귀에다 너의 엷은 울음소리를 남기지 말아라

차라리 앉아있는 기계와 같이
취하지 않고 늙어가는
나와 나의 겨울을 한층 더 무거운 것으로 만들기 위하여
나의 눈이랑 한층 더 맑게 하여다우
짐승이여 짐승이여 날짐승이여
도취의 피안에서 날아온 무수한 날짐승들이여

〈1954〉

피안 불교에서 말하는 이승의 번뇌를 해탈한 깨달음의 세계.

* 이 구절은 『달나라의 장난』(1959) 판본과 『평화에의 증언』(1957) 판본이 매우 다르다. 여기에서는 나중에 간행된 시집을 따라 표기하였다. 『평화에의 증언』에 수록된 작품에는 이 구절이 "나의 얇은 지붕 우에서 무슨 솔개미 같은"으로 되어 있다. 이 구절뿐만 아니라, 두 개의 판본은 시행 나눔이 완전히 다르다. 가령 1연은 『평화에의 증언』 수록 작품에서는 2행으로, 『달나라의 장난』 수록 작품에서는 3행으로 되어 있다.

나비의 무덤

나비의 몸이야 제철이 가면 죽지마는
그의 몸에 붙은 고운 지분은
겨울의 어느 차디찬 등잔 밑에서 죽어 없어지리라
그러나
고독한 사람의 죽음은 이러하지는 않다

나는 노염으로 사무친 정의 소재를 밝히지 아니하고
운명에 거역할 수 있는
큰 힘을 가지고 있으면서
여기에 밀려 내려간다

등잔은 바다를 보고
살아 있는 듯이 나비가 죽어 누운
무덤 앞에서
나는 나의 할 일을 생각한다

나비의 지분이
그리고 나의 나이가
무서운 인생의 공백을 가르쳐주려 할 때*

나비의 지분에

나의 나이가 덮이려 할 때
나비야
나는 긴 숲속을 헤치고
너의 무덤을 다시 찾아오마

물소리 새소리 낯선 바람 소리 다시 듣고
모자의 정보다 부부의 의리보다
더욱 뜨거운 너의 입김에
나의 고독한 정신을 녹이면서 우마

오늘이 있듯이 그날이 있는
두 겹 절벽 가운데에서
오늘은 오늘을 담당하지 못하니
너의 가슴 위에서는
나 대신 값없는 낙엽이라도 울어 줄 것이다

나비야 나비야 더러운 나비야
네가 죽어서 지분을 남기듯이
내가 죽은 뒤에는**
고독의 명맥을 남기지 않으려고
나는 이다지도 주야를 무릅쓰고 애를 쓰고 있단다

〈1955. 6. 24〉

* 시의 4연과 5연은 『김수영 전집 1』 개정판(2018)에서는 하나의 연으로 묶여 있지만 육필원고에는 시인이 집적 연을 나눈 교정 부호가 들어가 있다. 이 점을 고려하여 두 개의 연으로 처리하였다. 이전의 판본인 『김수영 전집 1』(2003)에서는 모두 연이 구분되어 있다.

** 『김수영 전집 1』 개정판은 "내가 죽은 뒤에는 고독의 명맥을 남기지 않으려고"로 한 행 처리되어 있지만, 육필원고는 "내가 죽은 뒤에는 / 고독의 명맥을 남기지 않으려고"로 행이 구분되어 있다.

푸른 하늘을

푸른 하늘을 제압하는
노고지리가 자유로웠다고
부러워하던
어느 시인의 말은 수정되어야 한다

자유를 위해서
비상하여 본 일이 있는
사람이면 알지
노고지리가
무엇을 보고
노래하는가를
어째서 자유에는
피의 냄새가 섞여 있는가를
혁명은
왜 고독한 것인가를

혁명은
왜 고독해야 하는 것인가를

〈1960. 6. 15.〉

서은애, 푸른 하늘을, 종이에 채색, 41×55cm, 2021

여자

여자란 집중集中된 동물이다
그 이마의 힘줄같이 나에게 설움을 가르쳐 준다
전란戰亂도 서러웠지만
포로수용소 안은 더 서러웠고
그 안의 여자들은 더 서러웠다
고난이 나를 집중시켰고
이런 집중이 여자의 선천적인 집중도와
기적적으로 마주치게 한 것이 전쟁이라고 생각했다
그런 의미에서 나는 전쟁에 축복을 드렸다

내가 지금 육학년 아이들의 과외공부 집에서 만난
학부형회의 어떤 어머니에게 느낀 여자의 감각
그 이마의 힘줄
그 힘줄의 집중도
이것은 죄에서 우러나오는 것이다
여자의 본성은 에고이스트
뱀과 같은 에고이스트
그러니까 뱀은 선천적인 포로인지도 모른다
그런 의미에서 나는 속죄에 축복을 드렸다

⟨1963. 6. 2.⟩

임춘희, 여자, 캔버스에 과슈, 40×40cm, 2021

5. 사랑

애정지둔 愛情遲鈍

조용한 시절은 돌아오지 않았다
그 대신 사랑이 생기었다
굵다란 사랑
누가 있어 나를 본다면은
이것은 확실히 우스운 이야깃거리다
다리 밑에 물이 흐르고
나의 시절은 좁다
사랑은 고독이라고 내가 나에게 재긍정하는 것이
또한 우스운 일일 것이다

조용한 시절 대신 나의 백골이 생기었다
생활의 백골
누가 있어 나를 본다면은
이것은 확실히 무서운 이야깃거리다
다리 밑에 물이 마르고
나의 몸도 없어지고
나의 그림자도 달아난다
나는 나에게 대답할 것이 없어져도 쓸쓸하지 않았다

생활무한 生活無限
고난돌기 苦難突起

백골의복白骨衣服

삼복염천거래三伏炎天去來
나의 시절은 태양 속에
나의 사랑도 태양 속에 일식을 하고
첩첩이 무서운 주야
애정은 나뭇잎처럼 기어코 떨어졌으면서
나의 손 위에서 신음한다
가야만 하는 사람의 이별을 기다리는 것처럼
생활은 열도를 측량할 수 없고
나의 노래는 물방울처럼 땅속으로 향하여 들어갈 것
애정지둔

〈1953〉

풍뎅이

너의 앞에서는 우둔한 얼굴을 하고 있어도 좋았다
백년이나 천년이 결코 긴 세월이 아니라는 것은
내가 사랑의 테두리 속에 끼어* 있기 때문이 아니리라
추한 나의 발밑에서 풍뎅이처럼 너는 하늘을 보고 운다
그 넓은 등판으로 땅을 쓸어가면서
늬가 부르는 노래가 어디서 오는 것을
너보다는 내가 더 잘 알고 있는 것이다
내가 추악하고 우둔한 얼굴을 하고 있으면
너도 우둔한 얼굴을 만들 줄 안다
너의 이름과 너와 나와의 관계가 무엇인지 알아질 때까지
소금 같은 이 세계가 존속할 것이며
의심할 것인데
등 등판 광택 거대한 여울
미끄러져가는 나의 의지
나의 의지보다 더 빠른 너의 노래
너의 노래보다 더한층 신축성이 있는
너의 사랑

〈1953〉

* 『김수영 전집 1』에는 '끼여'라는 피동형으로 표기되어 있다. 그러나 시의 어조는 화자의 능동성을 적극적으로 드러내고, 육필원고에도 '끼어'로 표기되어 있기 때문에 '끼어'를 선택한다.

이인, 풍뎅이, 캔버스에 혼합 재료, 72.7×91cm, 2021

겨울의 사랑*

늬가 준 요보의 꽃잎사귀 위에서 잠을 자고
늬가 준 수건으로는 아침에 얼굴을 씻고
늬가 준 얼룩진 혁대로 나의 허리를 동이고
이만하면 나는 너의 애정으로 행복한 사람이다

아예 나의 밤의 품 안에
너의 전신이 안기지 않아도
그리운
나의 얼굴을 너의 부드러운 열 손이
싫증이 나도록 쓰다듬어주지 않아도
그리고 나의 허리를
나비와 같이 살며시 껴안아 주지 않아도

나는 너의 선물이 욕된
사랑의 변명이 아니라는 것을 알고 있기에

늬가 표시하는 애정의 의도를 묻지 않고
늬가 말하지 않아도 알 수 있는 사랑의 궁극을
늬가 알지 못하고 나에게 표시하여 줄 수 있다면

요보 요 위에 까는 천.

오히려 그것을 원하는—

　이것은 반드시 우리의 사랑이 죄악에서 생겨난 것이라고 믿기 때문만
은 아닐 것이다

　우리의 사랑이 죄악이라는 것은
　시를 쓴다는 것이
　옳지 않은 일이라고 꾸짖는 것이나 같은 일

　오랜 시간을 두고 찾아오는 이 귀중한 순간의
　한복판에 서서
　천천히 계속하던 일손을 멈추고 너를 생각하니
　오—나의 몸은
　가난한 나라의 빈 사무실
　한복판에 앉아 있는 것
　같지가 않다

　늬가 말하지 않아도 알 수 있는 사랑의 궁극에 대하여 차라리
　늬가 냉담하기를 원하는 것은
　우리의 사랑이 잊어버리기 위한 사랑에서 출발하였기 때문이라고 생
각한다

　그러한 사랑에 대하여

늬가 너의 육체 대신
준 요보
늬가 너의 애무 대신 준 흰 속옷은

너무나 능숙한 겨울의 사랑
여러분에게는 미안할 정도로
교묘巧妙를 다한
따뜻한 사랑이었다
발악하는 사랑이었다

⟨1954~55년간으로 추정⟩

* 이 작품은 육필로만 존재한다. 전쟁 중에 헤어진 부인과 재회하기 전 이루어졌던 다른 여인과의 교류를 다룬 작품으로 보인다. 산문 형태로 초고를 쓰고 뒤에 행을 나누는 김수영의 시 창작 방법에 비춰볼 때 아직 시의 행갈이가 이뤄지지 않은 초고이다. 위의 형태는 『김수영 전집 1』의 표기를 따른 것일 뿐이다. 앞으로 작품의 형식이 확정될 필요가 있다.

사치 | 奢侈

어둠 속에 비치는 해바라기와…… 주전자와…… 흰 벽과……
불을 등지고 있는 성황당이 보이는
그 산에는 겨울을 가리키는 바람이 일기 시작하네

나들이를 갔다 온 씻은 듯한 마음에 오늘 밤에는 아내를 껴안아도 좋으리
밋밋한 발회목에 내 눈이 자꾸 가네
내 눈이 자꾸 가네

새로 파논 우물전에서 도배를 하고난 귀얄을 씻고 간 두붓집 아가씨에게
무어라고 수고의 인사를 해야 한다지
나들이를 갔다가 아들놈을 두고 온 안방 건넌방은 빈집 같구나
문명된 아내에게 '실력을 보이자면' 무엇보다도 먼저
발이라도 씻고 보자
냉수도 마시자
맑은 공기도 마시어 두자

발회목 다리 끝 복사뼈 위의 잘록하게 들어간 부분.
귀얄 풀이나 옻을 칠할 때에 쓰는 솔의 하나.

자연이 하라는 대로 나는 할 뿐이다
그리고 자연이 느끼라는 대로 느끼고
나는 실망하지 않을 것이다

의지의 저쪽에서 영위營爲하는 아내여
길고 긴 오늘 밤에 나의 사치를 받기 위하여
어서어서 불을 끄자
불을 끄자

〈1958〉

사랑

어둠 속에서도 불빛 속에서도 변치 않는
사랑을 배웠다 너로 해서

그러나 너의 얼굴은
어둠에서 불빛으로 넘어가는
그 찰나剎那에 꺼졌다 살아났다
너의 얼굴은 그만큼 불안하다

번개처럼
번개처럼
금이 간 너의 얼굴은

〈1960. 1. 30.〉

임춘희, 사랑, 캔버스에 유화, 38×45.5cm, 2021

파밭 가에서

삶은 계란의 껍질이
벗겨지듯
묵은 사랑이
벗겨질 때
붉은 파밭의 푸른 새싹을 보아라
얻는다는 것은 곧 잃는 것이다

먼지 앉은 석경 너머로
너의 그림자가
움직이듯
묵은 사랑이
움직일 때
붉은 파밭의 푸른 새싹을 보아라
얻는다는 것은 곧 잃는 것이다

새벽에 준 조로의 물이
대낮이 지나도록 마르지 않고
젖어 있듯이
묵은 사랑이

조로 물뿌리개의 비표준어.

뉘우치는 마음의 한복판에
젖어 있을 때
붉은 파밭의 푸른 새싹을 보아라
얻는다는 것은 곧 잃는 것이다

〈1959〉

사랑의 변주곡 變奏曲

욕망이여 입을 열어라 그 속에서
사랑을 발견하겠다 도시의 끝에
사그러져 가는 라디오의 재잘거리는 소리가
사랑처럼 들리고 그 소리가 지워지는
강이 흐르고 그 강 건너에 사랑하는
암흑이 있고 삼월을 바라보는 마른 나무들이
사랑의 봉오리를 준비하고 그 봉오리의
속삭임이 안개처럼 이는 저쪽에 쪽빛
산이

사랑의 기차가 지나갈 때마다 우리들의
슬픔처럼 자라나고 도야지우리의 밥찌끼
같은 서울의 등불을 무시한다
이제 가시밭, 덩굴장미의 기나긴 가시 가지
까지도 사랑이다

왜 이렇게 벅차게 사랑의 숲은 밀려닥치느냐
사랑의 음식이 사랑이라는 것을 알 때까지

난로 위에 끓어오르는 주전자의 물이 아슬
아슬하게 넘지 않는 것처럼 사랑의 절도 節度 는

열렬하다
간단間斷도 사랑
이 방에서 저 방으로 할머니가 계신 방에서
심부름하는 놈이 있는 방까지 죽음 같은
암흑 속을 고양이의 반짝거리는 푸른 눈망울처럼
사랑이 이어져가는 밤을 안다
그리고 이 사랑을 만드는 기술을 안다
눈을 떴다 감는 기술—불란서 혁명의 기술
최근 우리들이 4·19에서 배운 기술
그러나 이제 우리들은 소리 내어 외치지 않는다

복사씨와 살구씨와 곶감씨의 아름다운 단단함이여
고요함과 사랑이 이루어 놓은 폭풍의 간악한
신념이여
봄베이도 뉴욕도 서울도 마찬가지다
신념보다도 더 큰
내가 묻혀 사는 사랑의 위대한 도시에 비하면
너는 개미이냐

아들아 너의 광신을 가르치기 위한 것이 아니다
사랑을 알 때까지 자라라
인류의 종언의 날에
너의 술을 다 마시고 난 날에
미대륙에서 석유가 고갈되는 날에

그렇게 먼 날까지 가기 전에 너의 가슴에
새겨둘 말을 너는 도시의 피로에서
배울 거다
이 단단한 고요함을 배울 거다
복사씨가 사랑으로 만들어진 것이 아닌가 하고
의심할 거다!
복사씨와 살구씨가
한번은 이렇게
사랑에 미쳐 날뛸 날이 올 거다!
그리고 그것은 아버지 같은 잘못된 시간의
그릇된 명상이 아닐 거다

〈1967. 2. 15.〉

이광호, 사랑의 변주곡, 캔버스에 유화, 73×91cm, 2021

6. 존재

공자의 생활난

꽃이 열매의 상부에 피었을 때
너는 줄넘기 작란作亂을 한다

나는 발산發散한 형상을 구하였으나
그것은 작전作戰 같은 것이기에 어려웁다

국수―이태리어로는 마카로니라고
먹기 쉬운 것은 나의 반란성일까

동무여 이제 나는 바로 보마
사물과 사물의 생리와
사물의 수량과 한도와
사물의 우매와 사물의 명석성을

그리고 나는 죽을 것이다

〈1945〉

작란 장난.

이인, 폭포, 한지에 혼합 재료, 60×122cm, 2021

폭포

폭포는 곧은 절벽을 무서운 기색도 없이 떨어진다

규정할 수 없는 물결이
무엇을 향하여 떨어진다는 의미도 없이
계절과 주야를 가리지 않고
고매한 정신처럼 쉴 사이 없이 떨어진다

금잔화도 인가도 보이지 않는 밤이 되면
폭포는 곧은 소리를 내며 떨어진다

곧은 소리는 소리이다
곧은 소리는 곧은
소리를 부른다

번개와 같이 떨어지는 물방울은
취할 순간조차 마음에 주지 않고
나타懶惰와 안정을 뒤집어 놓은 듯이
높이도 폭도 없이
떨어진다

⟨1956⟩

나타 나태.

백지에서부터

하얀 종이가 옥색으로 노란 하드롱지가
이 세상에는 없는 빛으로 변할 만큼 밝다
시간이 나비 모양으로 이 줄에서 저 줄로
춤을 추고
그 사이로
사월의 햇빛이 떨어졌다
이런 때면 매년 이맘때쯤 듣는
병아리 우는 소리와
그의 원수인 쥐 소리를 혼동한다

어깨를 아프게 하는 것은
노후의 미덕은 시간이 아니다
내가 나를 잊어버리기 때문에
개울과 개울 사이에
하얀 모래를 골라 비둘기가 내려앉듯
시간이 내려앉는다

머리를 아프게 하는 것은
두통의 미덕은 시간이 아니다
내가 나를 잊어버리기 때문에
바다와 바다 사이에

지금의 삼월의 구름이 내려앉듯
진실이 내려앉는다

하얀 종이가 분홍으로 분홍 하늘이
녹색으로 또 다른 색으로 변할 만큼 밝다
―그러나 혼색混色은 흑색이라는 걸 경고해 준 것은
소학교때 선생님……

〈1962. 3. 18.〉

절망

풍경이 풍경을 반성하지 않는 것처럼
곰팡이 곰팡을 반성하지 않는 것처럼
여름이 여름을 반성하지 않는 것처럼
속도가 속도를 반성하지 않는 것처럼
졸렬과 수치가 그들 자신을 반성하지 않는 것처럼
바람은 딴 데에서 오고
구원은 예기치 않은 순간에 오고
절망 끝까지 그 자신을 반성하지 않는다

⟨1965. 8. 28.⟩

임춘희, 절망, 캔버스에 유화, 50×50cm, 2021

꽃잎 1*

누구한테 머리를 숙일까
사람이 아닌 평범한 것에
많이는 아니고 조금
벼를 터는 마당에서 바람도 안 부는데
옥수수잎이 흔들리듯 그렇게 조금

바람의 고개는 자기가 일어서는 줄
모르고 자기가 가 닿는 언덕을
모르고 거룩한 산에 가 닿기
전에는 즐거움을 모르고 조금
안 즐거움이 꽃으로 되어도
그저 조금만 꺼졌다 깨어나고

얼뜻 보기엔 임종의 생명 같고
바위를 뭉개고 떨어져 내릴
한 잎의 꽃잎 같고
혁명革命 같고

얼뜻 언뜻의 의미로 사용된 시어. 육필과 첫 발표지면인 『현대문학』(1967.7)에는 '얼뜻'으로 표기되어 있다. 『김수영 전집 1』은 이를 '언뜻'으로 수정하고 있으나 시인의 의도가 있다고 생각하여 육필원문을 따랐다.

먼저 떨어져 내린 큰 바위 같고
나중에 떨어진 작은 꽃잎 같고

나중에 떨어져 내린 작은 꽃잎 같고

〈1967. 5. 2.〉

* 이 작품은 「꽃잎 1」「꽃잎 2」「꽃잎 3」으로 된 연작시 중 하나이다. 작품이 발표된 『현대문학』(1967. 7)에는 「꽃잎」이라는 제목으로 이 세 작품을 묶은 후 본문에서 각각 1, 2, 3으로 구분하고 있지만, 창작 일자가 각각 다르고 어조도 다르기 때문에 보는 시각에 따라 개별 작품으로 이해할 수도 있다. 『김수영 전집 1』 2018년 판본부터 하나의 작품으로 묶였지만, 여기에서는 「꽃잎 1」을 연작시 중의 한 편으로 판단했다.

김선두, 꽃잎, 장지에 먹·분채, 66×97cm, 2021

미인
―Y여사에게

미인을 보고 좋다고들 하지만
미인은 자기 얼굴이 싫을 거야
그렇지 않고야 미인일까

미인이면 미인일수록 그럴 것이니
미인과 앉은 방에선 무심코
따 놓는 방문이나 창문이
담배 연기만 내보내려는 것은
아니렷다

〈1967. 12〉

풀

풀이 눕는다
비를 몰아오는 동풍에 나부껴
풀은 눕고
드디어 울었다
날이 흐려서 더 울다가
다시 누웠다

풀이 눕는다
바람보다도 더 빨리 눕는다
바람보다도 더 빨리 울고
바람보다 먼저 일어난다

날이 흐리고 풀이 눕는다
발목까지
발밑까지 눕는다
바람보다 늦게 누워도
바람보다 먼저 일어나고
바람보다 늦게 울어도
바람보다 먼저 웃는다
날이 흐리고 풀뿌리가 눕는다

〈1968. 5. 29.〉

이광호, 풀, 캔버스에 유화, 72.7×60.6cm, 2021

7. 참여

하…… 그림자가 없다

우리들의 적은 늠름하지 않다
우리들의 적은 커크 더글러스나 리처드 위드마크 모양으로 사나웁지도 않다
그들은 조금도 사나운 악한이 아니다
그들은 선량하기까지도 하다
그들은 민주주의자를 가장하고
자기들이 양민이라고도 하고
자기들이 선량이라고도 하고
자기들이 회사원이라고도 하고
전차를 타고 자동차를 타고
요릿집엘 들어가고
술을 마시고 웃고 잡담하고
동정하고 진지한 얼굴을 하고
바쁘다고 서두르면서 일도 하고
원고도 쓰고 치부도 하고
시골에도 있고 해변가에도 있고
서울에도 있고 산보도 하고
영화관에도 가고
애교도 있다
그들은 말하자면 우리들의 곁에 있다

우리들의 전선은 눈에 보이지 않는다
그것이 우리들의 싸움을 이다지도 어려운 것으로 만든다
우리들의 전선은 된케르크도 노르망디도 연희고지도 아니다
우리들의 전선은 지도책 속에는 없다
그것은 우리들의 집안 안인 경우도 있고
우리들의 직장인 경우도 있고
우리들의 동리인 경우도 있지만……
보이지는 않는다

우리들의 싸움의 모습은 초토작전이나
'건 힐의 혈투' 모양으로 활발하지도 않고 보기 좋은 것도 아니다
그러나 우리들은 언제나 싸우고 있다
아침에도 낮에도 밤에도 밥을 먹을 때에도
거리를 걸을 때도 환담을 할 때도
장사를 할 때도 토목공사를 할 때도
여행을 할 때도 울 때도 웃을 때도
풋나물을 먹을 때도
시장에 가서 비린 생선 냄새를 맡을 때도
배가 부를 때도 목이 마를 때도

된케르크 케르크, 프랑스 북부 도시로 제2차 세계대전 중 유명한 철수 작전이 있던 지역.
노르망디 프랑스 북서부 지방으로 제2차 세계대전 때 연합군 상륙 작전이 있던 곳.
연희고지 한국 전쟁 당시 격전이 벌어진 지역.
건 힐의 혈투 1959년 제작한 서부 영화.

연애를 할 때도 졸음이 올 때도 꿈속에서도
깨어나서도 또 깨어나서도 또 깨어나서도……
수업을 할 때도 퇴근 시에도
사이렌 소리에 시계를 맞출 때도 구두를 닦을 때도……
우리들의 싸움은 쉬지 않는다

우리들의 싸움은 하늘과 땅 사이에 가득 차 있다
민주주의의 싸움이니까 싸우는 방법도 민주주의식으로 싸워야 한다
하늘에 그림자가 없듯이 민주주의의 싸움에도 그림자가 없다
하…… 그림자가 없다

하…… 그렇다……
하…… 그렇지……
아암 그렇구말구…… 그렇지 그래……
응응…… 응…… 뭐?
아 그래…… 그래 그래.

〈1960. 4. 3.〉

기도
―4.19 순국학도위령제에 붙이는 노래

시를 쓰는 마음으로
꽃을 꺾는 마음으로
자는 아이의 고운 숨소리를 듣는 마음으로
죽은 옛 연인을 찾는 마음으로
잊어버린 길을 다시 찾은 반가운 마음으로
우리가 찾은 혁명을 마지막까지 이룩하자

물이 흘러가는 달이 솟아나는
평범한 대자연의 법칙을 본받아
어리석을 만치 소박하게 성취한
우리들의 혁명을
배암에게 쐐기에게 쥐에게 살쾡이에게
진드기에게 악어에게 표범에게 승냥이에게
늑대에게 고슴도치에게 여우에게 수리에게 빈대에게
다치지 않고 깎이지 않고 물리지 않고 더럽히지 않게

그러나 정글보다도 더 험하고
소용돌이보다도 더 어지럽고 해저보다도 더 깊게
아직까지도 부패와 부정과 살인자와 강도가 남아 있는 사회
이 심연이나 사막이나 산악보다도

더 어려운 사회를 넘어서

이번에는 우리가 배암이 되고 쐐기가 되더라도
이번에는 우리가 쥐가 되고 살쾡이가 되고 진드기가 되더라도
이번에는 우리가 악어가 되고 표범이 되고 승냥이가 되고 늑대가 되더라도
이번에는 우리가 고슴도치가 되고 여우가 되고 수리가 되고 빈대가 되더라도
아아 슬프게도 슬프게도 이번에는
우리가 혁명이 성취하는 마지막 날에는
그런 사나운 추잡한 놈이 되고 말더라도

나의 죄 있는 몸의 억천만 개의 털구멍에
죄라는 죄가 가시같이 박히어도
그야 솜털만치도 아프지는 않으려니

시를 쓰는 마음으로
꽃을 꺾는 마음으로
자는 아이의 고운 숨소리를 듣는 마음으로
죽은 옛 연인을 찾는 마음으로
잊어버린 길을 다시 찾은 반가운 마음으로
우리는 우리가 찾은 혁명을 마지막까지 이룩하자

〈1960. 5. 18.〉

육법전서와 혁명

기성 육법전서를 기준으로 하고
혁명을 바라는 자는 바보다
혁명이란
방법부터가 혁명적이어야 할 터인데
이게 도대체 무슨 개수작이냐
불쌍한 백성들아
불쌍한 것은 그대들뿐이다
천국이 온다고 바라고 있는 그대들뿐이다
최소한도로
자유당이 감행한 정도의 불법을
혁명정부가 구육법전서를 떠나서
합법적으로 불법을 해도 될까 말까 한
혁명을—
불쌍한 것은 이래저래 그대들뿐이다
그놈들이 배불리 먹고 있을 때도
고생한 것은 그대들이고
그놈들이 망하고 난 후에도 진짜 곯고 있는 것은
그대들인데
불쌍한 그대들은 천국이 온다고 바라고 있다

그놈들은 털끝만치도 다치지 않고 있다

보라 항간에 금값이 오르고 있는 것을
그놈들은 털끝만치도 다치지 않으려고
버둥거리고 있다
보라 금값이 갑자기 8,900환이다
달걀값은 여전히 영하零下 28환인데

이래도 그대들은 유구한 공서양속公序良俗 정신으로
위정자가 다 잘해 줄 줄 알고만 있다
순진한 학생들
점잖은 학자님들
체면을 세우는 문인들
너무나 투쟁적인 신문들의 보좌를 받고

아아 새까맣게 손때 묻은 육법전서가
표준이 되는 한
나의 손 등에 장을 지져라
4·26 혁명은 혁명이 될 수 없다
차라리
혁명이란 말을 걷어치워라
허기야
혁명이란 단자는 학생들의 선언문하고
신문하고
열에 뜬 시인들이 속이 허해서
쓰는 말밖에는 아니 되지만

그보다도 창자가 더 메마른 저들은
더 이상 속이지 말아라
혁명의 육법전서는 '혁명'밖에는 없으니까

〈1960. 5. 25.〉

중용에 대하여

그러나 나는 오늘 아침의 때묻은 혁명을 위해서
어차피 한마디 할 말이 있다
이것을 나는 나의 일기첩에서
찾을 수밖에 없었다

중용은 여기에는 없다
(나는 여기에서 다시 한번 숙고한다
계사鷄舍 건너 신축 가옥에서 마치질하는
소리가 들린다)

소비에트에는 있다
(계사 안에서 우는 알 겯는
닭 소리를 듣다가 나는 마른침을 삼키고
담배를 피워 물지 않으면 아니 된다)

여기에 있는 것은 중용이 아니라
답보다 죽은 평화다 나타懶惰다 무위다
(단 '중용이 아니라'의 다음에 '반동이다'라는

마치질 망치질.
겯는 암탉이 알을 낳을 무렵에 골골 소리를 내는 것.

말은 지워져 있다
끝으로 '모두 적당히 가면을 쓰고 있다'라는
한 줄도 빼어 놓기로 한다)

담배를 피워 물지 않으면 아니 된다고 하였지만
나는 사실은 담배를 피울 겨를이 없이
여기까지 내리썼고
일기의 원문은 일본어로 씌어져 있다

글씨가 가다가다 몹시 떨린 한자漢字가 있는데
그것은 물론 현 정부가 그만큼 악독하고 반동적이고
가면을 쓰고 있기 때문이다

〈1960. 9. 9.〉

서은애, 중용에 대하여, 종이에 채색, 93.2×209.7cm, 2019

"김일성 만세"

"김일성 만세"
한국의 언론 자유의 출발은 이것을
인정하는 데 있는데

이것만 인정하면 되는데

이것을 인정하지 않는 것이 한국
언론의 자유라고 조지훈이란
시인이 우겨 대니

나는 잠이 올 수밖에

"김일성 만세"
한국의 언론 자유의 출발은 이것을
인정하는 데 있는데

이것만 인정하면 되는데

이것을 인정하지 않는 것이 한국
정치의 자유라고 장면이란
관리가 우겨 대니

나는 잠이 깰 수밖에

〈1960. 10. 6.〉

그 방을 생각하며

혁명은 안 되고 나는 방만 바꾸어 버렸다
그 방의 벽에는 싸우라 싸우라 싸우라는 말이
헛소리처럼 아직도 어둠을 지키고 있을 것이다

나는 모든 노래를 그 방에 함께 남기고 왔을 게다
그렇듯 이제 나의 가슴은 이유 없이 메말랐다
그 방의 벽은 나의 가슴이고 나의 사지일까
일하라 일하라 일하라는 말이
헛소리처럼 아직도 나의 가슴을 울리고 있지만
나는 그 노래도 그 전의 노래도 함께 다 잊어버리고 말았다

혁명은 안 되고 나는 방만 바꾸어 버렸다
나는 인제 녹슬은 펜과 뼈와 광기—
실망의 가벼움을 재산으로 삼을 줄 안다
이 가벼움 혹시나 역사일지도 모르는
이 가벼움을 나는 나의 재산으로 삼았다

혁명은 안 되고 나는 방만 바꾸었지만
나의 입속에는 달콤한 의지의 잔재 대신에
다시 쓰디쓴 냄새만 되살아났지만

방을 잃고 낙서를 잃고 기대를 잃고
노래를 잃고 가벼움마저 잃어도

이제 나는 무엇인지 모르게 기쁘고
나의 가슴은 이유 없이 풍성하다

〈1960. 10. 30.〉

이인, 그 방을 생각하며, 캔버스에 혼합 재료, 53×72.7cm, 2021

연꽃

종이를 짤라 내듯
긴장하지 말라구요
긴장하지 말라구요
사회주의 동지들
      연꽃이 있지 않어
      두통이 있지 않어
      흙이 있지 않어
      사랑이 있지 않어

뚜껑을 열어제치듯
긴장하지 말라구요
긴장하지 말라구요
사회주의 동지들
      형제가 있지 않어
      아주머니가 있지 않어
      아들이 있지 않어

벌레*와 같이
눈을 뜨고 보라구요
아무것도 안 보이는
긴장하지 말라구요

내가 겨우 보이는
긴장하지 말라구요
긴장하지 말라구요
사회주의 동지들
  사랑이 있지 않어
  작란이 있지 않어
  냄새가 있지 않어
  해골이 있지 않어

〈1961. 3.〉

---

* 육필원고는 '버래'로 표기했다. 시인은 리듬을 위해 벌레의 방언 표기인 '버레'를 의도했을 수도 있다.

어느 날 고궁을 나오면서

나는 왜 조그마한 일에만 분개하는가
저 왕궁 대신에 왕궁의 음탕 대신에
50원짜리 갈비가 기름 덩어리만 나왔다고 분개하고
옹졸하게 분개하고 설렁탕집 돼지 같은 주인년한테 욕을 하고
옹졸하게 욕을 하고

한번 정정당당하게
붙잡혀간 소설가를 위해서
언론의 자유를 요구하고 월남 파병에 반대하는
자유를 이행하지 못하고
20원을 받으러 세 번씩 네 번씩
찾아오는 야경꾼들만 증오하고 있는가

옹졸한 나의 전통은 유구하고 이제 내 앞에 정서情緖로
가로놓여 있다
이를테면 이런 일이 있었다
부산에 포로수용소의 제14야전병원에 있을 때
정보원이 너스들과 스펀지를 만들고 거즈를
개키고 있는 나를 보고 포로경찰이 되지 않는다고
남자가 뭐 이런 일을 하고 있느냐고 놀린 일이 있었다
너스들 옆에서

지금도 내가 반항하고 있는 것은 이 스펀지 만들기와
거즈 접고 있는 일과 조금도 다름없다
개의 울음소리를 듣고 그 비명에 지고
머리에 피도 안 마른 애놈의 투정에 진다
떨어지는 은행나무잎도 내가 밟고 있는 가시밭

아무래도 비켜서 있다 절정 위에는 서 있지
않고 암만해도 조금쯤 옆으로 비켜서 있다
그리고 조금쯤 옆에 서 있는 것이 조금쯤
비겁한 것이라고 알고 있다!

그러니까 이렇게 옹졸하게 반항한다
이발쟁이에게
땅주인에게는 못하고 이발쟁이에게
구청 직원에게는 못하고 동회 직원에게도 못하고
야경꾼에게 20원 때문에 10원 때문에 1원 때문에
우습지 않으냐 1원 때문에

모래야 나는 얼마큼 적으냐*
바람아 먼지야 풀아 나는 얼마큼 적으냐
정말 얼마큼 적으냐……

〈1965. 11. 4.〉

* 문맥 상 '작으냐'이나 육필원고에는 '작으냐'가 '적으냐'로 교정되어 있다.

박영근, 어느 날 고궁을 나오면서, 53×62.2cm, 캔버스에 유화, 2021

8. 역사

가까이할 수 없는 서적

가까이할 수 없는 서적이 있다
이것은 먼 바다를 건너온
용이하게 찾아갈 수 없는 나라에서 온 것이다
주변 없는 사람이 만져서는 아니 될 책
만지면은 죽어버릴 듯 말 듯 되는 책
캘리포니아라는 곳에서 온 것만은
확실하지만 누가 지은 것인 줄도 모르는
제2차 대전 이후의
긴긴 역사를 갖춘 것 같은
이 엄연한 책이
지금 바람 속에 휘날리고 있다
어린 동생들과의 잡담도 마치고
오늘도 어제와 같이 괴로운 잠을
이루울 준비를 해야 할 이 시간에
괴로움도 모르고
나는 이 책을 멀리 보고 있다
그저 멀리 보고 있는 것이 타당한 것이므로
나는 괴롭다
오—그와 같이 이 서적은 있다
그 책장은 번쩍이고
연해 나는 괴로움으로 어찌할 수 없이

이를 깨물고 있네!
가까이할 수 없는 서적이여
가까이할 수 없는 서적이여

〈1947〉

아메리카 타임지

흘러가는 물결처럼
지나인支那人의 의복
나는 또 하나의 해협을 찾았던 것이 어리석었다

기회와 유적油滴 그리고 능금
올바로 정신을 가다듬으면서
나는 수없이 길을 걸어왔다
그리하여 응결한 물이 떨어진다
바위를 문다

와사瓦斯의 정치가여
너는 활자처럼 고웁다
내가 옛날 아메리카에서 돌아오던 길
뱃전에 머리 대고 울던 것은 여인을 위해서가 아니다

오늘 또 활자를 본다
한없이 긴 활자의 연속을 보고
와사의 정치가들을 응시한다

〈1947〉

지나인 중국 국적을 가진 한족, 몽골족, 터키족, 티베트족, 그리고 만주족 따위를 통틀어 이르는 말.
와사 가스(gas)의 일본식 표기라고 이해해 왔으나 '와사사(瓦斯紗)로 짠 직물'이라는 의미가 타당해 보인다. '와사의 정치가'는 와사사로 짠 직물 소재의 화려한 옷을 입은 정치가라는 뜻.

광야

이제 나는 광야에 드러누워도
시대에 뒤떨어지지 않는 나를 발견하였다
     시대의 지혜
너무나 많은 나침반이여
밤이 산등성이를 넘어 내리는 새벽이면
모기의 피처럼
시인이 쏟고 죽을 오욕의 역사
     그러나 오늘은 산보다도
     그것은 나의 육체의 융기隆起

이제 나는 광야에 드러누워도
공동의 운명을 들을 수 있다
     피로와 피로의 발언
시인이 황홀하는 시간보다도 더 맥없는 시간이 어디 있느냐
도피하는 친구들
양심도 가지고 가라 휴식도—
우리들은 다같이 산등성이를 내려가는 사람들
     그러나 오늘은 산보다도
     그것은 나의 육체의 융기

광야에 와서 어떻게 드러누울 줄을 알고 있는

나는 너무나도 악착스러운 몽상가
     조잡한 천지天地여
간디의 모방자여
여치의 나래 밑의 고단한 밤잠이여
'시대에 뒤떨어지는 것이 무서운 게 아니라
어떻게 뒤떨어지느냐가 무서운 것'이라는 죽음의 잠꼬대여
     그러나 오늘은 산보다도
     그것은 나의 육체의 용기

〈1957. 12.〉

永田鉉次郎

모두 별안간에 가만히 있었다
씹었던 불고기를 문 채로 가만히 있었다
아니 그것은 불고기가 아니라 돌이었을지도 모른다
신은 곧잘 이런 장난을 잘한다

(그리 흥겨운 밤의 일도 아니었는데)
사실은 일본에 가는 친구의 잔치에서
伊藤忠 商事의 신문광고 이야기가 나오고
國境노 마찌 이야기가 나오다가
이북으로 갔다는 永田鉉次郎 이야기가 나왔다

아니 김영길金永吉이가
이북으로 갔다는 김영길이 이야기가
나왔다가 들어간 때이다

내가 長門라는 여가수도 같이 갔느냐고
농으로 물어보려는데
누가 벌써 재빨리 말꼬리를 돌렸다……
신은 곧잘 이런 꾸지람을 잘한다

⟨1960. 12. 9.⟩

永田鉉次郎 일제 말 친일가수 김영길의 일본 이름이다. 시인 사후 출간한 전집의 개정판부터 '영전현차랑' 대신 '나가타 겐지로'로 표기하기 시작했다. 그러나 현대시는 읽는 시라기보다는 보는 시라고 할 수 있으므로 한자어 표기 그대로 둔다. 일본어를 아는 독자들은 '나가타 겐지로'로 모르는 독자들은 '영전현차랑'으로 읽을 것이다. 이후 일본식 한자도 마찬가지다.
伊藤忠 商事 한자어로는 '이등충 상사'이고 일본식 표기로는 '이토츄 상사'이다. 미쯔비시 그룹의 일원이며 제2차 세계대전 당시 일본군 대본영의 참모였던 세지마 류조(瀨島龍三)가 성장시킨 기업이다. 그러므로 이 시는 친일문화인뿐만아니라 전범기업가의 문제도 함께 다룬 작품이라고 할 수 있다.
國境노 마찌 〈國境の町〉라는 제목의 노래로 김영길이 불렀다. '국경의 거리'라는 뜻이다.
長門라는 '나가토라는'으로 읽는 것이 자연스럽다. 육필원고에서는 이것을 한글식으로 '長門라는'이라고 표기했지만, 이로 볼 때 김수영은 이를 '나가토라는'으로 읽었음이 분명하다.

현대식 교량

현대식 교량을 건널 때마다 나는 갑자기 회고주의자가 된다
이것이 얼마나 죄가 많은 다리인 줄 모르고
식민지의 곤충들이 24시간을
자기의 다리처럼 건너다닌다
나이 어린 사람들은 어째서 이 다리가 부자연스러운지를 모른다
그러니까 이 다리를 건너갈 때마다
나는 나의 심장을 기계처럼 중지시킨다
(이런 연습을 나는 무수히 해 왔다)

그러나 문제는 이러한 반항에 있지 않다
저 젊은이들의 나에 대한 사랑에 있다
아니 신용이라고 해도 된다
'선생님 이야기는 20년 전 이야기이지요'
할 때마다 나는 그들의 나이를 찬찬히
소급해 가면서 새로운 여유를 느낀다
새로운 역사라고 해도 좋다

이런 경이는 나를 늙게 하는 동시에 젊게 한다
아니 늙게 하지도 젊게 하지도 않는다
이 다리 밑에서 엇갈리는 기차처럼
늙음과 젊음의 분간이 서지 않는다

다리는 이러한 정지의 증인이다
젊음과 늙음이 엇갈리는 순간
그러한 속력과 속력의 정돈 속에서
다리는 사랑을 배운다
정말 희한한 일이다
나는 이제 적을 형제로 만드는 실증을
똑똑하게 천천히 보았으니까!

〈1964. 11. 22.〉

65년의 새해

그때 너는 한 살이었다
그때 너는 한 살이었다
그때도 너는 기적이었다

그때 너는 여섯 살이었다
그때 너는 여섯 살이었다
그때도 너는 기적이었다

그때 너는 열여섯 살이었다
그때 너는 열여섯 살이었다
그때도 너는 기적이었다
너의 의지는 싹트기 시작했다
너의 의지는
학교 안에서 배운 모든 것이
학교 밖에서 본 모든 것이
반드시 정말이 아니라는 것을 알았고
너의 어린 의사를 발표할 줄 알았다
우리는 너를 보고 깜짝 놀랐다

그때 너는 열일곱 살이었다
그때 너는 열일곱 살이었다

그때도 너는 기적이었다
너의 근육은 굳어지기 시작했다
너의 근육은
학교 밖에서 얻어맞은 모든 것이
골목길에서 얻어맞은 모든 것이
반드시 정말이 아니라는 것을 알았고
너의 어린 행동은
어린 상징을 면하기 시작했다
너는 이제 우리 키만큼 되었다
우리는 너를 보고 깜짝 놀랐다

너는 이제 열아홉 살이었다
너는 이제 열아홉 살이었다
너는 여전히 기적이었다
너의 회의는 굳어가기 시작했다
너의 회의는
나라 안에서 당한 모든 것이
나라 밖에서 당한 모든 것이
반드시 정말이 아니라는 것을 알았고
너의 어린 포부는
불가능의 한계를 두드려 보기 시작했다
너는 이제 우리 키보다도 더 커졌다
우리는 너를 보고 깜짝 놀랐다

너는 이제 스무 살이다
너는 이제 스무 살이다
너는 여전히 기적일 것이다
너의 사랑은 익어 가기 시작한다
너의 사랑은
삼팔선 안에서 받은 모든 굴욕이
삼팔선 밖에서 받은 모든 굴욕이
전혀 정당한 것이 아니라는 것을 알았고
너는 너의 모든 힘을 다해서 답쌔버릴 것이다
너의 가난을 눈에 보이는
눈에 보이지 않는 모든 가난을
이 엄청난 어려움을 고통을
이 몸을 찢는 부자유를 부자유를 나날을……
너는 이제 우리의 고통보다도 더 커졌다
우리는 너를 보고 깜짝 놀란다
아니 네가 우리를 보고 깜짝놀란다

네가 우리를 보고 깜짝 놀란다
65년의 새 얼굴을 보고
65년의 새해를 보고

〈1964. 12.〉

답쌔버릴 어떤 대상을 몹시 두들겨 패거나 다그친다는 뜻의 북한어 '답새다'에서 온 말.

임춘희, 65년의 새해, 캔버스에 유화, 45.5×53cm, 2021

이 한국문학사

지극히 시시한 발견이 나를 즐겁게 하는 야밤이 있다
오늘 밤 우리의 현대문학사의 변명을 얻었다
이것은 위대한 힌트가 아니니만큼 좋다
또 내가 '시시한' 발견의 편집광이라는 것도 안다
중요한 것은 야밤이다

우리는 여지껏 희생하지 않는 오늘의 문학자들에 관해서
너무나 많이 고민해 왔다
김동인, 박승희 같은 이들처럼 사재를 털어놓고
문화에 헌신하지 않았다
김유정처럼 그 밖의 위대한 선배들처럼 거지짓을 하면서
소설에 골몰한 사람도 없다……

그러나 덤핑 출판사의 20원짜리나 20원 이하의 고료를 받고 일하는
14원이나 13원이나 12원짜리 번역일을 하는
불쌍한 나나 내 부근의 친구들을 생각할 때
이 죽은 순교자들을 어떻게 생각해야 하나
우리의 주위에 너무나 많은 순교자들이 이 발견을
지금 나는 하고 있다

나는 광휘에 찬 신현대문학사의 시를 깨알 같은 글씨로 쓰고 있다

될 수만 있으면 독자들에게 이 깨알만 한 글씨보다 더
작게 써야 할 이 고초의 시기의
보다 더 작은 나의 즐거움을 피력하고 싶다

덤핑 출판사의 일을 하는 이 무의식 대중을 웃지 마라
지극히 시시한 이 발견을 웃지 마라
비로소 충만한 이 한국문학사를 웃지 마라
저들의 고요한 숨길을 웃지 마라
저들의 무서운 방탕을 웃지 마라
이 무서운 낭비의 아들들을 웃지 마라

〈1965. 12. 6.〉

김선두, 이 한국문학사, 장지에 먹·분채, 37.5×72cm, 2021

9. 현대

구라중화 九羅重花
―어느 소녀에게 물어보니 너의 이름은 글라지오라스라고

저것이야말로 꽃이 아닐 것이다
저것이야말로 물도 아닐 것이다

눈에 걸리는 마지막 물건이 무엇이냐고 물어보는 듯
영롱한 꽃송이는 나의 마지막 인내를 부숴 버리려고 한다

나의 마음을 딛고 가는 거룩한 발자국 소리를 들으면서
지금 나는 마지막 붓을 든다

누가 무엇이라 하든 나의 붓은 이 시대를 진솔하게 걸어가는 사람에게는 치욕
물소리 빗소리 바람소리 하나 들리지 않는 곳에
나란히 옆으로 가로 세로 위로 아래로 놓여 있는 무수한 꽃송이와 그 그림자
그것을 그리려고 하는 나의 붓은 말할 수 없이 깊은 치욕

이것은 누구에게도 보이지 않을 글이기에

글라지오라스 글라디올러스. 백합목 붓꽃과의 하나로 김수영은 이를 구라중화라고 불렀다.

(아아 그러한 시대가 온다면 얼마나 좋은 일이냐)
나의 동요 없는 마음으로
너를 다시 한번 치어다보고 혹은 내려다보면서 무량의 환희에 젖는다

꽃 꽃 꽃
부끄러움을 모르는 꽃들
누구의 것도 아닌 꽃들
너는 뇌가 먹고 사는 물의 것도 아니며
나의 것도 아니고 누구의 것도 아니기에
지금 마음 놓고 고즈넉이 날개를 펴라
마음대로 뛰놀 수 있는 마당은 아닐지나
(그것은 '골고다'의 언덕이 아닌
현대의 가시철망 옆에 피어있는 꽃이기에)
물도 아니며 꽃도 아닌 꽃일지나
너의 숨어 있는 인내와 용기를 다하여 날개를 펴라

물이 아닌 꽃
물같이 엷은 날개를 펴며
너의 무게를 안고 날아가려는 듯

뇌가 끊을 수 있는 것은 오직 생사의 선조線條뿐
그러나 그 비애에 찬 선조도 하나가 아니기에

'골고다'의 언덕 예수가 십자가에 못 박힌 곳.

너는 다시 부끄러움과 주저踌躇를 품고 숨 가빠 하는가

결합된 색깔은 모두가 엷은 것이지만
설움이 힘찬 미소와 더불어 관용과 자비로 통하는 곳에서
네가 사는 엷은 세계는 자유로운 것이기에
생기와 신중을 한 몸에 지니고

사실은 벌써 멸하여 있을 너의 꽃잎 우에
이중의 봉오리를 맺고 날개를 펴고
죽음 위에 죽음 위에 죽음을 거듭하리
구라중화

〈1954. 9. 3.〉

이광호, 구라중화, 캔버스에 유화, 85×85cm, 2021

레이판 탄*

너를 딛고 일어서면
생각하는 것은 먼 나라의 일이 아니다
나의 가슴속에 흐트러진 파편들일 것이다

너의 표피의 원활과 각도에 이기지 못하고 미끄러지는 나의 발을
나는 미워한다
방향은 애정—

구름은 벌써 나의 머리를 스쳐가고
설움과 과거는
오천만분지 일의 부감도俯瞰圖보다도 더
조밀하고 망막하고 까마득하게 사라졌다
생각할 틈도 없이
애정은 절박하고
과거와 미래와 오류와 혈액들이 모두 바쁘다**

너는 기류를 안고
나는 근지러운 나의 살을 안고

사성장군이 즐비한 거대한 파티 같은 풍성하고 너그러운 풍경을 바라보면서

나에게는 잔이 없다
투명하고 가벼웁고 쇠소리 나는 가벼운 잔이 없다
그리고 또 하나 지휘편指揮鞭이 없을 뿐이다

정치의 작전이 아닌
애정의 부름을 따라서
네가 떠나가기 전에
나는 나의 조심을 다하여 너의 내부를 살펴볼까
이브의 심장이 아닌 너의 내부에는
'시간은 시간을 먹는 듯이 바쁘기만 하다'는
기계가 아닌 자옥한 안개 같은
준엄한 태산 같은
시간의 퇴적뿐이 아닐 것이냐

죽음이 싫으면서
너를 딛고 일어서고
시간이 싫으면서
너를 타고 가야 한다

창조를 위하여
방향은 현대---

　　　주)레이판 탄은 최근 미국에서 새로 발명된 유도탄이다.
〈1954. 12. 17.〉

* 『김수영 전집 1』(2003)부터 제목을 '네이팜 탄'으로 표기하고 있다. 그러나 시인이 달아 놓은 주석은 '레이판 탄'을 유도탄이라고 설명하고 있고, 이는 시의 소재에 대해 시인 자신이 명확히 인지하고 있었음을 말해주는 것이다. 그래서 제목을 '레이판 탄' 그대로 살려둔다.
** 『김수영 전집 1』은 『신태양』 발표 작품을 따라 행을 나누었지만 여기에서는 육필원고에 의거하여 한 행으로 처리했다.

박영근, 헬리콥터, 53×62.2cm, 캔버스에 유화, 2021

헬리콥터

사람이란 사람이 모두 고민하고 있는
어두운 대지를 차고 이륙하는 것이
이다지도 힘이 들지 않는다는 것을 처음 깨달은 것은
우매한 나라의 어린 시인들이었다
헬리콥터가 풍선보다도 가벼웁게 상승하는 것을 보고
놀랄 수 있는 사람은 설움을 아는 사람이지만
또한 이것을 보고 놀라지 않는 것도 설움을 아는 사람일 것이다
그들은 너무나 오랫동안 자기의 말을 잊고
남의 말을 하여 왔으며
그것도 간신히 더듬는 목소리로밖에는 못해 왔기 때문이다
설움이 설움을 먹었던 시절이 있었다
이러한 젊은 시절보다도 더 젊은 것이
헬리콥터의 영원한 생리이다

1950년 7월 이후에 헬리콥터는
이 나라의 비좁은 산맥 위에 자태를 보이었고
이것이 처음 탄생한 것은 물론 그 이전이지만
그래도 제트기나 카고 보다는 늦게 나왔다
그렇지만 린드버그가 헬리콥터를 타고서

카고 cargo, 화물기.
린드버그 미국의 비행사 찰스 린드버그.

대서양을 횡단하지 않았기 때문에
우리는 지금 동양의 풍자를 그의 기체 안에 느끼고야 만다
비애의 수직선을 그리면서 날아가는 그의 설운 모양을
우리는 좁은 뜰 안에서뿐만 아니라
심지어는 항아리 속에서부터라도 내어다볼 수 있고
이러한 우리의 순수한 치정을
헬리콥터에서도 내려다볼 수 있을 것을 짐작하기 때문에
'헬리콥터여 너는 설운 동물이다'

—자유
—비애

더 넓은 전망이 필요 없는 이 무제한의 시간 위에서
산도 없고 바다도 없고 진흙도 없고 진창도 없고 미련도 없이
앙상한 육체의 투명한 골격과 세포와 신경과 안구까지
모조리 노출 낙하시켜가면서
안개처럼 가벼웁게 날아가는 과감한 너의 의사 속에는
남을 보기 전에 네 자신을 먼저 보이는
긍지와 선의가 있다
너의 조상들이 우리의 조상과 함께
손을 잡고 초동물超動物 세계 속에서 영위하던
자유의 정신의 아름다운 원형을
너는 또한 우리가 발견하고 규정하기 전에 가지고 있었으며
오늘에 네가 전하는 자유의 마지막 파편에

스스로 겸손의 침묵을 지켜 가며 울고 있는 것이다

〈1955〉

병풍

병풍은 무엇에서부터라도 나를 끊어준다
등지고 있는 얼굴이여
죽음에 취한 사람처럼 멋없이 서서
병풍은 무엇을 향하여서도 무관심하다
죽음의 전면 같은 너의 얼굴 위에
용龍이 있고 낙일落日이 있다
무엇보다도 먼저 끊어야 할 것이 설움이라고 하면서
병풍은 허위의 높이보다도 더 높은 곳에
비폭飛瀑을 놓고 유도幽島를 점지한다
가장 어려운 곳에 놓여 있는 병풍은
내 앞에 서서 죽음을 가지고 죽음을 막고 있다
나는 병풍을 바라보고
달은 나의 등 뒤에서 병풍의 주인 육칠옹 해사六七翁 海士의 인장을 비추어주는 것이었다

〈1956. 2.〉

육칠옹 해사 조선말 서예가 김성근의 호가 해사이다.

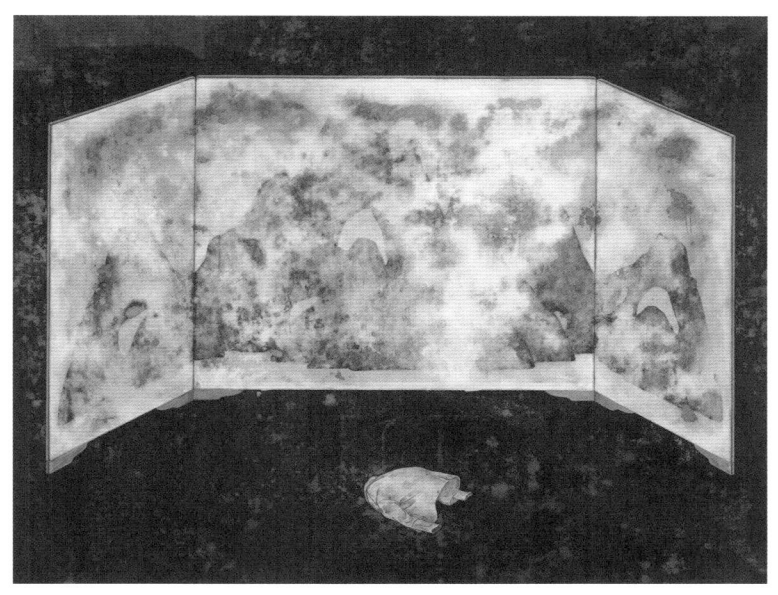

서은애, 병풍, 종이에 채색, 118×92cm, 2021

싸리꽃 핀 벌판

피로는 도회뿐만 아니라 시골에도 있다
푸른 연못을 넘쳐흐르는 장마통의
싸리꽃 핀 벌판에서
나는 왜 이다지도 피로에 집착하고 있는가
기적 소리는 문명의 밑바닥을 가고
형이상학은 돈지갑처럼
나의 머리 위에서 떨어진다

〈1959. 9. 1.〉

미스터 리에게

> 그는 재판관처럼 판단을 내리는 게 아니라
> 구제의 길이 없는 사물의 주위에 떨어지는
> 태양太陽처럼 판단을 내린다
> ―월트 휘트먼

나는 어느 날 뒷골목의 발코니 위에 나타난
생활에 얼이 빠진 여인의 모습을 다방의 창 너머로 별견瞥見하였기 때문에
다음과 같은 쪽지를 미스터 리에게 적어 놓고
시골로 떠났다

'태양이 하나이듯이
생활은 어디에 가 보나 하나이다
미스터 리!

절벽에 올라가 돌을 차듯이
생활을 아는 자는
태양 아래에서

별견 얼른 슬쩍 봄.

생활을 차던진다
미스터 리!

문명에 대항하는 비결은
당신 자신이 문명이 되는 것이다
미스터 리!'

〈1959〉

이인, 미스터 리에게, 종이에 아크릴릭, 70×97cm, 2021

원효대사
―텔레비를 보면서

성속 聖俗이 같다는 원효대사가
텔레비에 텔레비에 들어오고 말았다
배우이름은 모르지만 대사는
대사보다도 배우에 가까웠다

그 배우는 식모까지도 싫어하고
신이 나서 보는 것은 나 하나뿐이고
원효대사가 나오는 날이면
익살맞은 어린놈은 활극이 되나 하고

조바심을 하고 식모 아가씨나 가게
아가씨는 연애가 되나 하고
애타하고 원효의 염불 소리까지도
잊고―죄를 짓고 싶다

돌부리를 차듯 서투른 원효로
분장한 놈이 돌부리를 차고 풀을
뽑듯 죄를 짓고 싶어 죄를
짓고 얼굴을 붉히고

죄를 짓고 얼굴을 붉히고—
성속이 같다는 원효대사가
텔레비에 나온 것을 뉘우치지 않고
춘원 대신의 원작자가 된다

우주 시대의 마이크로웨이브에 탄
원효대사의 민활성敏活性 바늘 끝에
묻은 죄와 먼지 그리고 모방
술에 취해서 쓰는 시여

텔레비 속의 텔레비에 취한
아아 원효여 이제 그대는 낡지
않았다 타동적他動的으로 자동적自動的으로
낡지 않았고

원효 대신 원효 대신 마이크로가
간다 '제니의 꿈'의 허깨비가
간다 연기가 가고 연기가 나타나고
마술의 원효가 이리 번쩍

저리 번쩍 '제니'와 대사가
왔다 갔다 앞뒤로 좌우로

'제니의 꿈' 1965년~1970년까지 방영되었던 TV 시리즈로 우주비행사 이야기를 다룬다.

왔다 갔다 웃고 울고 왔다 갔다
파우스트처럼 모든 상징이

상징이 된다 성속이 같다는 원효
대사가 이런 기계의 영광을 누릴
줄이야 '제니'의 덕택을 입을
줄이야 '제니'를 '제니'를 사랑할 줄이야

긴 것을 긴 것을 사랑할 줄이야
긴 것 중에 숨어 있는 것을 사랑할 줄이야
저절로 이루어지는 것이 긴 것 가운데
있을 줄이야

그것을 찾아보지 않을 줄이야 찾아보지
않아도 있을 줄이야 긴 것 중에는
있을 줄이야 어련히 어련히 있을
줄이야 나도 모르게 있을 줄이야

〈1968. 3. 1.〉

10. 시로 쓴 시

음악

음악은 흐르는 대로 내버려 두자
저무는 해와 같이
나의 앞에는 회색이 뭉치고
응결凝結되고
또 주먹을 쥐어도 모자라는
이날 또 어느 날에
나는 춤을 추고 있었나 보다
불이 생기어도
어젯날의 환희에는 이기지 못할 것
누구에게 할 말이 꼭 있어야 하여도
움직이는 마음에
형벌은 없어져라
음악은 아주 험하게
흐르는구나
가슴과 가슴이 부딪치어도
소리는 나지 않을 것이다
단단한 가슴에 음악이 흐른다
단단한 가슴에서 가슴으로
다리도 없이
집도 없이
가느다란 곳에는 가시가 있고

살찐 곳에는 물이 고이는 것이다
나의 음악이여
지금 다시 저기로 흘러라
몸은 언제나 하나이었다
물은 나의 얼굴을 비추어 주었다
누구의 음악이 처참스러운지 모르지만
나의 설움만이 입체를 가지고
떨어져 나간다
음악이여

〈1950. 2.〉

김선두, 음악, 장지에 먹, 145×74cm, 2021

여름 뜰

무엇 때문에 부자유한 생활을 하고 있으며
무엇 때문에 자유스러운 생활을 피하고 있느냐
여름 뜰이여
나의 눈만이 혼자서 볼 수 있는 주름살이 있다 굴곡이 있다
모―든 언어가 시에로 통할 때
나는 바로 일순간 전의 대담성을 잃어버리고
젖 먹는 아이와 같이 이즈러진 얼굴로
여름 뜰이여
너의 광대한 손手을 본다

'조심하여라! 자중하여라! 무서워할 줄 알아라!' 하는
억만億萬의 소리가 비 오듯 내리는 여름 뜰을 보면서
합리와 비합리와의 사이에 묵연히 앉아 있는
나의 표정에는 무엇인지 우스웁고 간지럽고 서먹하고 쓰디쓴 것마저 섞여 있다
그것은 둔한 머리에 움직이지 않는 사념일 것이다

무엇 때문에 부자유한 생활을 하고 있으며
무엇 때문에 자유스러운 생활을 피하고 있느냐
여름 뜰이여
크레인의 강철보다 더 강한 익어 가는 황금빛을 꺾기 위하여

너의 뜰을 달려가는 조그마한 동물이라도 있다면
여름 뜰이여
나는 너에게 희생할 것을 준비하고 있노라

질서와 무질서와의 사이에
움직이는 나의 생활은
섧지가 않아 시체나 다름없는 것이다

여름 뜰을 흘겨보지 않을 것이다
여름 뜰을 밟아서도 아니 될 것이다
묵연히 묵연히
그러나 속지 않고 보고 있을 것이다

〈1954〉

구름의 파수병*

만약에 나라는 사람을 유심히 들여다본다고 하자
그러면 나는 내가 시와는 반역된 생활을 하고 있다는 것을 알 것이다

먼 산정에 서 있는 마음으로
나의 자식과 나의 아내와
그 주위에 놓인 잡스러운 물건들을 본다

그리고
나는 이미 정하여진 물체만을 보기로 결심하고 있는데
만약에 또 어느 나의 친구가 와서 나의 꿈을 깨워주고
나의 그릇됨을 꾸짖어 주어도 좋다

함부로 흘리는 피가 싫어서
이다지 낡아 빠진 생활을 하는 것은 아니리라
먼지 낀 잡초 위에
잠자는 구름이여
고생도 마음대로 할 수 없는 세상에서는
철 늦은 거미같이 존재 없이 살기도 어려운 일

방 두 칸과 마루 한 칸과 말쑥한 부엌과 애처로운 처를 거느리고
외양만이라도 남들과 같이 살아간다는 것이 이다지도 쑥스러울 수가

있을까

   시를 배반하고 사는 마음이여
   자기의 나체를 더듬어 보고
   살펴볼 수 없는 시인처럼
   비참한 사람이 또 어디 있을까
   거리에 나와서 집을 보고
   집에 앉아서 거리를 그리던 어리석음도 이제는 모두 사라졌나 보다
   날아간 제비와 같이

   날아간 제비와 같이 자국도 꿈도 없이
   어디로인지 알 수 없으나
   어디로이든 가야 할 반역의 정신

   나는 지금 산정에 있다―
   시를 반역한 죄로
   이 메마른 산정에서 오랫동안
   꿈도 없이 바라보아야 할 구름
   그리고 그 구름과 파수병인 나

   〈1956〉

*전집에 수록된 작품과 행갈이가 다르다. 육필원고에 기초하였다.

서시 序詩

나는 너무나 많은 첨단의 노래만을 불러왔다
나는 정지의 미에 너무나 등한하였다
나무여 영혼이여
가벼운 참새같이 나는 잠시 너의
흉하지 않은 가지 위에 피곤한 몸을 앉힌다
성장은 소크라테스 이후의 모든 현인들이 하여온 일
정리整理는
전란에 시달린 이십세기 시인들이 하여 놓은 일
그래도 나무는 자라고 있다 영혼은
그리고 교훈은 명령은
나는
아직도 명령의 과잉을 용서할 수 없는 시대이지만
이 시대는 아직도 명령의 과잉을 요구하는 밤이다
나는 그러한 밤에는 부엉이의 노래를 부를 줄도 안다

지지한 노래를
더러운 노래를 생기 없는 노래를
아아 하나의 명령을

〈1957〉

이인, 서시序詩, 캔버스에 혼합 재료, 120×120cm, 2021

'4·19' 시

나는 하필이면
왜 이 시를
잠이 와
잠이 와
잠이 와 죽겠는데
왜
지금 쓰려나
이 순간에 쓰려나
죄인들의 말이
배고픈 것보다도
잠 못 자는 것이
더 어렵다고 해서
그래 그러나
배고픈 사람이
하도 많아 그러나
시 같은 것
시 같은 것
안 쓰려고 그러나
더구나
'4·19' 시 같은 것
안 쓰려고 그러나

껌벅껌벅
두 눈을
감아가면서
아주
금방 곯아떨어질 것
같은데
밥보다도
더 소중한
잠이 안 오네
달콤한
달콤한
잠이 안 오네
보스토크가
돌아와 그러나
세계정부 이상이
따분해 그러나
이 나라
백성들이
너무 지쳐 그러나
별안간
빚 갚을 것

보스토크 1961년 구소련이 발사한 인류 역사상 최초의 유인 우주선.

생각나 그러나
여편네가
짜증낼까
무서워 그러나
동생들과
어머니가
걱정이 돼 그러나
참았던 오줌 마려
그래 그러나

시 같은 것
시 같은 것
써 보려고 그러나
'4·19' 시 같은 것
써 보려고 그러나

〈1961. 4.〉

박영근, '4·19' 시, 92×72.7cm, 캔버스에 유화, 2021

등나무
―신귀거래 3

두 줄기로 뻗어 올라가던 놈이
한 줄기가 더 생긴 것이 며칠 전이었나
등나무

밤사이에 이슬을 마신 놈이
지금 나의 혼을 마신다
무휴의 태만의 혼을 마신다
등나무 등나무 등나무 등나무

얄상한 잎
그것이 이슬을 마셨다고 어찌 신용하랴
나의 혼, 목욕을 중지한 시인의 혼을 마셨다고
염천炎天의 혼을 마셨다고 어찌 신용하랴
등나무? 등나무? 등나무? 등나무?

그의 주위를 몇 번이고 돌고 돌고 돌고
또 도는 조름 같은 날개의 날것들과
갑충과 쉬파리떼
그리고 진드기

'엄마 안 가? 엄마 안 가?'
'안 가 엄마! 안 가 엄마! 엄마가 어디를 가니?'
'안 가유?'
'안 가유! 하……'
'<u>으 흐 흐</u>……'

두 줄기로 뻗어 올라가던 놈이
한 줄기가 더 생긴 것이 며칠 전이었나
난간 아래 등나무
넝쿨장미 위의 등나무
등꽃 위의 등나무
우물 옆의 등나무
우물 옆의 등꽃과 활련
그리고 철자법을 틀린 시
철자법을 틀린 인생
이슬, 이슬의 합창이다

등나무여 지휘하라 부<u>끄</u>러움 고만 타고
이제는 지휘하라 이카루스의 날개처럼
쑥잎보다 훨씬 얇은
너의 잎은 지휘하라
베적삼, 옥양목, 데드롱, 인조견, 항라,
모시치마 냄새난다 냄새난다
냄새여 지휘하라

연기여 지휘하라
등나무 등나무 등나무 등나무

우물이 말을 한다
어제의 말을 한다
'똥, 땡, 똥, 땡, 찡, 찡, 찡……'
'엄마 안 가?
'엄마 안 가?'
'엄마 가?'
'엄마 가?'

등나무 등나무 등나무 등나무
'야, 영희야, 메리의 밥을 아무거나 주지 마라,
밥통을 좀 부셔주지!?'
등나무? 등나무? 등나무? 등나무?
'아이스 캔디! 아이스 캔디!'
'꼬오, 꼬, 꼬, 꼬, 꼬오, 꼬, 꼬, 꼬, 꼬'
두 줄기로 뻗어 올라가던 놈이
한 줄기가 더 생긴 것이 며칠 전이었나

〈1961. 6. 27.〉

이광호, 등나무―신귀거래 3, 캔버스에 유화, 72.7×60.6cm, 2021

시

어서 일을 해요 변화는 끝났소
어서 일을 해요
미지근한 물이 고인 조고마한 논과
대숲 속의 초가집과
나무로 만든 장기와
게으르게 움직이는 물소와
(아니 물소는 호남 지방에서는 못 보았는데)
덜컥거리는 수레와

어서 또 일을 해요 변화는 끝났소
편지봉투 모양으로 누렇게 결은
시간과 땅
수레를 털털거리게 하는 욕심의 돌
기름을 주라
어서 기름을 주라
털털거리는 수레에다는 기름을 주라
욕심은 끝났어
논도 얼어붙고
대숲 사이로 침입하는 무자비한 푸른 하늘

쉬었다 가든 거꾸로 가든 모로 가든

어서 또 가요 기름을 발랐으니 어서 또 가요
타마구를 발랐으니 어서 또 가요
미친 놈 본으로 어서 또 가요 변화는 끝났어요
어서 또 가요
실 같은 바람 따라 어서 또 가요

더러운 일기는 찢어 버려도
짜장 재주를 부릴 줄 아는 나이와 시
배짱도 생겨 가는 나이와 시
정말 무서운 나이와 시는
동그랗게 되어가는 나이와 시
사전을 보며 쓰는 나이와 시
사전이 시 같은 나이의 시
사전이 앞을 가는 변화의 시
감기가 가도 감기가 가도
줄곧 앞을 가는 사전의 시
시

〈1961〉

타마구 석탄이나 석유를 증류할 때 생기는 기름 상태의 끈끈한 검은 액체.
짜장 과연 정말로.

절망

나날이 새로워지는 괴기怪奇한 청년
때로는 일본에서
때로는 이북에서
때로는 삼랑진에서
말하자면 세계의 도처에서 나타날 수 있는 천수천족수千手千足獸
미인, 시인, 사무가, 농사꾼, 상인, 야소耶蘇이기도 한
나날이 새로워지는 괴기한 인물

흰 쌀밥을 먹고 갔는데 보리알을 먹고 간 것 같고
그렇게 피투성이가 되어 찾던 만년필은
처의 백 속에 숨은 듯이 걸려 있고
말하자면 내가 찾고 있는 것은 언제나 나의 가장 가까운
내 곁에 있고
우물도 사닥다리도 애아愛兒도 거만한 문표도
내가 범인이 되기 전에
(벌써 오래 전에!)
범인의 것이 되어 있었고

야소 '예수'의 음역어.
문표 문패의 일본식 한자어.

그동안에도
그 뒤에도 나의 시는 영원한 미완성이고

〈1962. 7. 23.〉

장시 1

겨자씨같이 조그맣게 살면 돼
복숭아 가지나 아가위 가지에 앉은
배부른 흰 새 모양으로
잠깐 앉았다가 떨어지면 돼
연기 나는 속으로 떨어지면 돼
구겨진 휴지처럼 노래하면 돼

가정을 알려면 돈을 떼여 보면 돼
숲을 알려면 땅벌에 물려 보면 돼
잔소리 날 때는 슬쩍 피하면 돼
—채귀債鬼가 올 때도—
버스를 피해서 길을 건너서는 어린놈처럼
선뜻 큰길을 건너서면 돼
장시만 장시만 안 쓰려면 돼

*

오징어발에 말라붙은 새처럼 꼬리만 치지 않으면 돼

아가위 산사나무.
채귀 악착같이 이자를 받고 빚 갚기를 몹시 졸라 대는 빚쟁이를 비유적으로 이르는 말.

입만 반드르르하게 닦아 놓으면 돼
아버지 할머니 고조할아버지 때부터
어물전 좌판 밑바닥에서 결어 있던 것이면 돼
유선有線 합승자동차에도 양계장에도 납공장에도
미곡창고 지붕에도 달려 있는
썩은 공기 나가는 지붕 위의 지붕만 있으면 돼
'돼'가 긍정에서 의문으로 돌아갔다
의문에서 긍정으로 또 돌아오면 돼
이것이 몇 바퀴만 넌지시 돌면 돼
해바라기 머리같이 돌면 돼

깨꽃이나 샐비어나 마찬가지 아니냐
내일의 채귀를
죽은 뒤의 채귀를 걱정하는
장시만 장시만 안 쓰려면 돼
샐비어 씨는 빨갛지 않으니까
장시만 장시만 안 쓰려면 돼
영원만 영원만 고민하지 않으면 돼
오징어에 말라붙은 새처럼 오월이 와도
구월이 와도 꼬리만 치지 않으면 돼

트럭 소리가 나면 돼
아카시아 잎을 이기는 소리가 방바닥 밑까지 울리면 돼
라디오 소리도 거리의 풍습대로 기를 쓰고 크게만 틀어 놓으면 돼

겨자씨같이 조그맣게 살면서
장시만 장시만 안 쓰면 돼
오징어발에 말라붙은 새처럼 꼬리만 치지 않으면 돼
트럭 소리가 나면 돼
아카시아 잎을 이기는 소리가 방바닥 밑까지 콩콩 울리면 돼
흙 묻은 비옷이 이십사 시간 걸려 있으면 돼
정열도 예측 고함도 예측 장시도 예측
경솔도 예측 봄도 예측 여름도 예측
범람도 예측 범람은 화려 공포는 화려
공포와 노인은 동일 공포와 노인과 유아는 동일……
예측만으로 그치면 돼
모자라는 영원이 있으면 돼
채귀가 집으로 돌아가면 돼
성당으로 가듯이
채귀가 어젯밤에 나 없는 사이에 돌아갔으면 돼
장시만 장시만 안 쓰면 돼

〈1962. 9. 26.〉

우리들의 웃음

나는 아이들을 가르치면서
우리나라가 종교국이라는 것에 대한 자신을 갖는다
절망은 나의 목뼈는 못 자른다 겨우 손마디뼈를
새벽이면 하프처럼 분질러 놓고 간다
나의 아들이 머리가 나빠서가 아니다
머리가 나쁜 것은 선생, 어머니, IQ다
그저께 나는 파스칼이 '머리가 나쁜 것은 나'라고 하는 말을 들었다

나는 아이들을 가르치면서
우리나라가 종교국이라는 것에 대한 자신을 갖는다
마당에 서리가 내린 것은 나에게 상상을 그치라는 신호다
그 대신 새벽의 꿈은 구체적이고 선명하다
꿈은 상상이 아니지만 꿈을 그리는 것은 상상이다
술이 상상은 아니지만 술에 취하는 것이 상상인 것처럼
오늘부터는 상상이 나를 상상한다

이제는 선생이 무섭지 않다
모두가 거꾸로다
선생과 나는 아이를 가르치는 것이 아니라 아이들을
가르치고 있기 때문이다
종교와 비종교, 시와 비시의 차이가 아이들과 아이의 차이이다

그러니까 종교도 종교 이전에 있다 우리나라가
종교국인 것처럼
새의 울음소리가 그 이전의 정적이 없이는 들리지 않는 것처럼……
모두가 거꾸로다
―태연할 수밖에 없다 웃지 않을 수밖에 없다
조용히 우리들의 웃음을 웃지 않을 수 없다

〈1963. 10. 11.〉

시

신앙이 動하지 않는 건지 동하지 않는 게
신앙인지 모르겠다

나비야 우리 방으로 가자
어제의 시를 다시 쓰러 가자

〈1964〉

말

나무뿌리가 좀 더 깊이 겨울을 향해 가라앉았다
이제 내 몸은 내 몸이 아니다
이 가슴의 동계(動悸)도 기침도 한기도 내 것이 아니다
이 집도 아내도 아들도 어머니도 다시 내 것이 아니다
오늘도 여전히 일을 하고 걱정하고
돈을 벌고 싸우고 오늘부터의 할일을 하지만
내 생명은 이미 맡기어진 생명
나의 질서는 죽음의 질서
온 세상이 죽음의 가치로 변해 버렸다

익살스러울 만치 모든 거리가 단축되고
익살스러울 만치 모든 질문이 없어지고
모든 사람에게 고해야 할 너무나 많은 말을 갖고 있지만
세상은 나의 말에 귀를 기울이지 않는다

이 무언의 말
이 때문에 아내를 다루기 어려워지고
자식을 다루기 어려워지고 친구를
다루기 어려워지고
이 너무나 큰 어려움에 나는 입을 봉하고 있는 셈이고
무서운 무성의를 자행하고 있다

이 무언의 말
하늘의 빛이요 물의 빛이요 우연의 빛이요 우연의 말
죽음을 꿰뚫는 가장 무력한 말
죽음을 위한 말 죽음에 섬기는 말
고지식한 것을 제일 싫어하는 말
이 만능의 말
겨울의 말이자 봄의 말
이제 내 말은 내 말이 아니다

〈1964. 11. 16.〉

김선두, 적 2, 장지에 먹·분채, 145×80cm, 2021

적 2

제일 피곤할 때 적에 대한다
바위의 아량이다
날이 흐릴 때 정신의 집중이 생긴다
신의 아량이다

그는 사지의 관절에 힘이 빠져서
특히 무릎하고 대퇴골에 힘이 빠져서
사람들과
특히 그가 사랑하는 사람과의 관련을 해체시킨다

시는 쨍쨍한 날씨에 청랑晴朗한 들에
환락의 개울가에 바늘 돋친 숲에
버려진 우산
망각의 상기다

성인은 처를 적으로 삼았다
이 한국에서도 눈이 뒤집힌 사람들
틈에 끼여 사는 처와 처들을 본다
오 결별의 신호여

이조 시대의 장안에 깔린 기왓장 수만큼

나는 많은 것을 버렸다
그리고 가장 피로할 때 가장 귀한
것을 버린다

흐린 날에는 연극은 없다
모든 게 쉰다
쉬지 않는 것은 처와 처들뿐이다
혹은 버림받은 애인뿐이다
버림받으려는 애인뿐이다
넝마뿐이다

제일 피곤할 때 적에 대한다
날이 흐릴 때면 너와 대한다
가장 가까운 적에 대한다
가장 사랑하는 적에 대한다
우연한 싸움에 이겨보려고

〈1965. 8. 6.〉

눈

눈이 온 뒤에도 또 내린다

생각하고 난 뒤에도 또 내린다

응아 하고 운 뒤에도 또 내릴까

한꺼번에 생각하고 또 내린다

한 줄 건너 두 줄 건너 또 내릴까

폐허에 폐허에 눈이 내릴까

〈1966. 1. 29.〉

임춘희, 눈, 캔버스에 유화, 80.3×80.3cm, 2016-2021

김수영 소개

풀잎처럼 살다

- 시인 김수영의 생애

  김수영은 1921년 11월 27일(음력 10월 28일) 서울시 종로2가 관철동 158번지에서 부친 김태욱金泰旭과 모친 안형순安亨順 사이에서 8남매 중 장남으로 출생했다. 김태욱은 결혼 후 분가해 있었으나 김수영이 태어날 때쯤 관철동으로 돌아와 만삭인 아내의 몸을 돌보고 있었다. 그보다 먼저 태어났던 형이 병으로 죽었기 때문에 그에 대한 가족들의 관심은 지대했다. 그는 태어난 이듬해 종로6가 116번지로 이사했다. 식민지로 전락한 조선의 유력자들이 몰락해 가는 과정에 김수영의 집안도 서서히 가세가 기울었는데, 김수영의 할아버지는 종로2가의 집을 팔아 동대문 바로 앞 종로6가에 새로운 집을 마련했다. 김수영의 유년 시절을 채웠고 그의 첫사랑을 만났으며 성인이 된 후에도 그의 섬세한 영혼을 위로해 준 종로6가의 골목길이 그렇게 만들어졌다. 어의동 공립보통학교(현 효제초등학교)에 다녔던 김수영은 중학교 입시를 준비해야 하는 14세의 나이에 장티푸스와 폐렴 등으로 학업을 쉬어야 했고, 집의 기운은 더 기울어 사대문 밖으로 밀려나야 했다. 용두동에 그의 두 번째 집이 있었다.

건강을 회복한 김수영은 1935년 선린상업학교 전수부專修部(야간)에 입학했다. 그즈음 그는 앞집에 살던 여학생을 마음에 두었던 듯하다. 그 여학생은 친구 고광호의 여동생으로 훗날 그의 어머니는 김수영이 그 여학생을 쫓아 일본 유학길에 오른 것이라고 회고한다. 1942년 봄의 일이었다. 가족은 그가 은행 같은 곳에 취직하여 집안 경제를 맡아주기를 바랐지만, 그의 내면은 오직 자신에게만 집중해 있었다. 그는 훌쩍 유학을 떠난 일본에서도 곧 일본 학생과의 대입 경쟁을 포기하고 자기 자신의 삶 안으로 돌아가게 되었다. 조후쿠城北 고등예비학교 입학했던 그는 곧 공부를 포기하고 자유로웠던 도시 도쿄에서 시와 연극에 주목하기 시작한 것이다.

그러나 식민지 조선의 청년들은 제국 일본의 수도에서도 쫓겨날 수밖에 없는 처지였다. 1944년 2월에 유학의 성과가 별무인 채 귀국한 그는 귀국하여 종로6가 고모집에 머물면서 안영일의 도움으로 연극 활동에 가담했다. 당시 시국은 전쟁 찬양을 주제로 국민들의 사기를 진작하기 위한 국민 연극을 요구했고 김수영은 안영일의 옆에서 조연출을 담당했다. 그는 그 시절의 활동에 대해 '나는 패배하였다'라고 썼다. 국민 연극에 지친 김수영은 결국 만주에 살면서 잠시 귀국한 어머니와 함께 압록강 철교를 건너 길림으로 향했다. 1944년 늦가을이었다. 만주로 향하며 아예 연극을 버렸다고 다짐했던 김수영은 그러나 1945년 6월 길림에서 조선 청년들로 구성된 길림극예술연구회에 참가해 「춘수와 같이」라는 연극을 공연했다. 아마추어 작품이었다고는 해도 연극 무대의 경험은 김수영의 영혼에 깊이 각인되었을 터인데, 실제로 김수영의 시에는 시적 주체의 극적 변모 같은 것이 자주 동원되고 있는 것이다. 송화강 옆의 중경가 길림 공회당에서 진행된 이 연극에서 김수영은 신부로 분장해 무대에 올랐다. 길림극예술연구회 회원으로 있던 임헌태, 오해석 등과 함께 도모한 일이었다.

일본의 패망과 함께 그는 다시 서울로 귀환했다. 1945년 9월의 일이었다. 그의 가족은 서울 충무로4가에 있던 적산 가옥을 사들여 정착했다. 길가에 면한 집이었기 때문에 어머니는 '유명옥'이라는 빈대떡집을 운영했다. 그해에 김수영은 시 「묘정의 노래」를 『예술부락』 제2집에 발표했고, 11월 21일 연희전문학교 영문과에 1학년으로 입학했다. 모던 보이 김수영의 해방 정국에서의 삶은 그렇게 시작되었다.

김수영은 한 학기 만에 연희전문학교를 자퇴했다. 훗날 그의 아내가 된 김현경은 당시 이화여대 영문과에서 정지용에게 강의를 듣던 재원이었다. 갑자기 폭발한 자유는 이미 영어에 소양을 가지고 있던 김수영을 학교에 묶어두지 못했을 것이다. 그는 당대의 모던 보이들과 어울리며 '신시론新詩論' 동인 활동을 했고 신문과 잡지에 시를 발표하기 시작했으며, 1949년에는 동인지 『새로운 도시와 시민들의 합창』에 「공자의 생활난」, 「아메리카 타임지」를 발표하기도 했다.

그의 부친 김태욱은 가족의 부양을 아내에게 맡긴 채 1949년에 사망하였다. 김수영도 가족 문제에 자신의 미래를 묶어둘 사람은 아니었다. 그는 곧 김현경과 결혼하여 돈암동으로 분가하여 나갔고 두 사람의 관계가 본격적으로 시작되었다.

한국 전쟁이 발발하고 서울에 새로운 문학단체 사무실이 생기자 김수영은 김병욱의 권유로 그곳에 출석했다. 이어 문화공작대에 동원되어 평안남도 개천군 북원리의 훈련소에서 한 달간 군사훈련을 받았고,

훈련소를 탈출하여 미군의 도움으로 서울 서대문에 도착했으나 충무로의 집 근처에서 경찰에 체포당해 부산의 거제리 포로수용소에 수용되었다. 1952년 11월 28일 충청남도 온양의 국립구호병원에서 200여 명의 민간인 억류자 중 한 명으로 석방되기까지 미군 통역과 간호보조원으로 포로 생활을 해나갔다. 그때부터 1955년까지 김수영과 김현경은 별거했다.

  한국 전쟁이 그들을 잠시 떨어져 있게 하였으나 운명은 그들이 결국 함께 사는 쪽으로 기울어 있었다. 김현경이 부산에서 돌아와 성북동에서 다시 부부 생활을 시작한 김수영은 『평화신문사』 문화부에 반년간 근무하다 그만두고 1956년 6월 마포구 구수동 41-2로 이사했다. 이후 김수영은 번역 일을 하고 양계장을 운영하면서 시를 썼다. 김현경도 양장점 사업으로 생계를 꾸려가기 시작했다. 김수영의 삶에 평온이 찾아오고 있었다. 마포 한강 변의 자연 친화적인 생활이 그의 시에 등장하기 시작했다. 마침 1957년 12월에는 제1회 한국시인협회상이 그에게 주어지기도 했다. 1958년 6월에는 차남 우瑀가 출생했고 1959년에는 첫 시집이자 그 생전의 유일한 시집인 『달나라의 장난』이 춘조사春潮社에서 출간되었다.

  4·19 혁명이 일어나자 김수영의 내부에 있던 정신이 폭발하기 시작했다. 해방 공간에서 지녔던 그의 사회의식과 주변 환경의 요동에도 아랑곳하지 않던 그의 내면적인 그러나 강인한 고독의 정신이 4·19 혁명을 그 자신까지 포함하여 모든 것을 바꿔야 한다는 절대적 변혁의 계기로 이해하도록 만든 것 같았다. 김수영을 참여시인으로 규정하게 한 시들이 본격적으로 창작되기 시작했는데, 훗날 이어령과의 불온시 논쟁에서 암시되었던 「"김일성 만세"」와 같은 작품도 이때 쓰어졌다. 이 시는

끝내 발표되지 못했고 그의 사후인 2008년에서야 빛을 볼 수 있었다.

1961년은 일찍이 '혁명은 안 되고 방만 바꿔 버렸다'라는 말로 혁명의 실패를 예감하고 있던 김수영에게 예상을 훨씬 뛰어넘는 비극이 발생한 해였다. 5·16 쿠데타가 일어난 것이다. 며칠간 잠적해 있던 시인은 퇴보하는 현실을 보는 어지러운 심정을 '신귀거래 연작' 등의 시를 통해 발표했다. 이 침울한 심신을 극적으로 일으켜 세운 것은 이북에 있는 오빠의 사진을 소중히 간직하고 있는 그의 누이 김수명이었다. 실로 지금의 김수영이 존재하는 데 결정적인 일들을 함으로써 한국 문단에 영향을 미친 사람은 김수명이라고 할 수 있는데, 그 누이가 방에 걸어놓고 있던 사진이 바로 연유를 알 수 없이 북으로 가게 된 손위 오빠 김수경이었던 것이다. 반공 이념을 가진 군부의 쿠데타 때문에 위축되어 헛소리와도 같은 시를 쓰고 있던 김수영에게 누이의 행동은 매우 놀라운 것이었다. 김수영은 "누이야 장하고나!"라고 쓰고 다시 세상으로 나올 수 있었다.

김수영이 소시민적 삶을 시의 소재로 가져오기 시작한 것이 이때부터이다. 그는 눈에 보이지 않는 현실의 적대성과 그 와중에 묵묵한 민중의 삶을 이야기하는 동시에 소시민적 삶의 허위의식을 폭로하기 시작했다. 또 한편으로는 1964년을 거치기 시작하면서 민족 문제에 대한 관심을 표현하기 시작했는데, 그 관심의 계기적 입구에 예이츠가 있었다. 이미 1950년대부터 번역가로 활동했던 김수영은 예이츠에 대한 평론 번역(1962년)을 거쳐 예이츠의 시와 시극 번역을 진행했고 직접 예이츠론을 쓰기도 했다. 한일회담 반대 학생시위가 거세게 일어나던 때였다. 영국에 지배당한 아일랜드의 시인 예이츠, 그리고 굴욕적 한일국교정상화에 반대하는 대학생들의 시위를 보면서 김수영은 동학농민혁명의 민요를 떠올리고 민중적 하극상의 정신을 떠올렸다. 그의 시편들 중 유일하게 '식민지'라는 단어가 등장하는 「현대식 교량」이 쓰여진 것도 이때이다.

민족문제에 대한 자각과 함께 그는 시적 리얼리즘을 미학적으로 정립하기 시작했다. 이 역시 번역의 효과인데 김춘수, 박경리, 이어령, 유종호 등과 함께 현암사에서 간행하는 계간 『한국문학』에 참여해 시와 시작詩作 노트를 계속 발표하면서 자코메티의 리얼리티론에 대한 관심을 표명한다. 언어와 변모하는 사건의 밀착이라는 시학적 주제가 이렇게 등장했다. 번역가로서의 김수영의 면모가 확인되어야 하는 것은 이 때문이다. 실제로 그는 1967년부터 『세계현대시집』을 출간하기 위한 번역 작업에 몰두했다. 지금 그 원고는 부분적인 육필원고로만 남아 있을 뿐이다.

1968년 『사상계』 1월호에 평론 「지식인의 사회참여」를 발표하고, 이후 조선일보 지면에서 3회에 걸쳐 불온시 논쟁을 펼쳤던 김수영은 그해 6월 15일, 밤 11시 10분경 귀갓길에 구수동 집 근처에서 버스에 부딪히는 사고를 당했다. 서대문에 있는 적십자병원에 이송되어 응급치료를 받았으나 의식을 회복하지 못하고 다음 날(16일) 아침 8시 50분에 숨을 거두었다. 그의 유해는 문인장文人葬으로 치러진 장례 후 서울 도봉동에 있는 선영先塋에 안장되었다. 1주기를 맞아 묘 앞에 시비詩碑가 세워졌다가 지금 등산로 입구의 장소로 이전되었다. 1974년에는 시선집 『거대한 뿌리』가, 1981년에는 『김수영 전집』이 처음 출간되었다.

작품 해설

아홉 개의 언어, 그리고 시로 쓴 시

박수연(문학평론가)

1

김수영의 첫 시가 「묘정의 노래」이고 그의 마지막 시가 「풀」이라는 사실은 매우 의미심장하다. 그가 무엇인가를 의도하려 했기 때문이 아니다. 그의 뜻과는 관계없이 그는 갑자기 '생애-시'를 마감했다. 탄생에서 죽음에 이르기까지 그가 살아야 했던 현실은 항상 그의 힘보다 압도적이었고 그만큼 항상 격렬했는데, 거친 풍랑을 비켜 갈 수 없었던 그는 당대 문학 현실의 대표 단수이기도 했다. 그는 식민지 착취의 시대를 일본 유학과 만주 이주의 경험으로 통과했고, 전쟁 폭력의 시대를 포로수용소에서 보냈으며, 독재 억압의 시대에는 민주주의와 민족사에 대한 큰 외침을 토하기도 했다. 지금까지 그의 시에 대한 이해의 대다수는 그런 범주의 생애에 대한 사전 지식을 배경으로 한 것이었다. 그러나 그의 시를 이 격렬한 역사에 비추어 이해하는 일은 필요한 것이기는 해도 충분한 것이라고 할 수는 없다. 근대 문명의 날랜 흐름을 견뎌온 그의 시의 생애 전체가 이야기되기 위해서는 독자들은 동일한 언어들의 특별한 내용에 대해 이해할 수 있거나 동일한 내용들의 특이한 언어 표현을 알고 있어야 한다. 이 색다른 세계들에 대한 언어 표현이 시이지만, 시는 시인이 펼쳐 놓은 육체적 삶의 연대기가 아니다. 한 시인의 '생애'와 '시'를 '생애=시'라고 동일화하지 않고 '생애-시'라고 수평적으로 겹쳐 읽는 이유가 그것이다. 그것들은 다만 서로의 증상이거나 징후이다. 이 사실들을 고려할 때, 증상과 징후의 언어적 특징을 함께 읽을 때, 김수영에 의해 의도되지 않았으나 이미 맺어진 시 이해의 충분조건이 살펴질 수 있다.

식민지-전쟁-독재라는 역사의 갈퀴가 시간 속에서 나와 삶의 공간들을 할퀴고 있을 때, 김수영은 결코 그치지 않을 것 같은 저 역사의 상처들이 '울음'으로 이어지고 '웃음'으로 마무리되는 시편들을 보여 주었다. 시간상으로는 마무리이지만, 그것들은 시간의 비가역성을 넘나들면서 계속 뒤섞일 것이었다. 가령 사랑은 '번개처럼 금이 간'(「사랑」) 것이라는 사실을 알고 있는 것도 그였으며, '죽음 위에 죽음 위에 피는 꽃'(「구라중화」)을 아는 사람도 그였다. 이런 시적 진술이 가능한 것은 시간을 초월하여 움직이는 세계에 대한 믿음이 그에게 있기 때문이다. 본능적 감각이 있었다고 해도 될 것이다. 그는 그의 첫 시 「묘정의 노래」에서 '울음'의 이미지를 펼쳐 놓은 후 그의 마지막 시 「풀」에서 '울음'과 '웃음'의 이미지를 동시에 펼쳐 놓았다. "한아(寒鴉)가 와서 / 그날을 울더라 / 밤을 반이나 울더라"(「묘정의 노래」)라고 썼던 시인은 유작 「풀」에서 "바람보다 늦게 울어도 / 바람보다 먼저 웃는다"라고 다시 썼던 것이다.

이 의미심장한 반복을 염두에 두더라도 그의 생애에 동일화될 시 언어의 필연성이 있었다고 할 수는 없다. (이 말은 시어의 형식적 자율성을 주장하는 것과 같은 가벼운 의미를 훨씬 넘어서 있다.) 마지막 작품이 「풀」이라는 사실이 우연이라면, 울음의 반복도 우연이다. 더구나 '노래'라는 말이 들어간 제목의 시에서 '울음'을 전개하고 풀을 '노래'한 시에서 '울음'과 '웃음'을 동시에 발견하는 시인은, 그것을 통해 어떤 징후를 드러낸 것이지 생애의 필연성을 언어화하고 있는 것은 아니다. 그는 다만 그의 삶과 역사 이곳저곳에 흩어져 있을 의미들이 어떤 부재의 형식으로만 환기될 수 있음을 주장하고 있는 것이리라. 1945년의 울음과 1968년의 울음이 동일할 수 없는데, 이 개별적인 무엇인가를 울음이라는 단어로 표현하는 순간 이 단어는 너무 많은 것을 가리키기 때문에 아무것도 지시하지 못하는 부재의 형식일 뿐인 것이다. 그래서 오히려 그의 언어들은 그의 삶에서 부재하는 의미들을 찾아 헤맨 기록이었다고 그의 시편들은 주장하는 것이라고 해야 한다. 울음과 그 울음에 덧붙여진 웃음이 그의 첫 작품과 마지막 작품이었다면, 그가 쓴 평생의 시들은 이 차이의 반복이 그 안에 숨겨 가지고 있는 의미들을 제각각 실현하고 있는 언어라고 할 수 있다. 이 시편들은 그러므로 하나의 언어 안에서 보이지 않는 이미지를 찾아내는 그의 작시술을 각각 보여준 작품이다. 무수한 언어의 기슭이라고도 할 수 있다. 독자들 마음의 계곡으로 내려가는 기슭 그것 말이다.

김수영이라는 시의 기슭을 내려가는 언어를 우리는 아홉 개 선택했다. 선택은 압축이고 증상이다. 여기에 있는 아홉 개의 언어는 그러므로 그의 시의 이미지에서 찾아낸 의미의 요소들이다. 비록 이 의미들은 시간과 필연적 관계를 맺고 있지는 않지만 시간의 흐름을 타면서 전개된 것들이다. 그의 시의 시기는 대략 네 개의 주제로 전개되는데, 이 주제는 각각 특정한 시기에 집중적으로 부각됨으로써 그의 시를 파악하는 중요한 축이 된다. 첫째는 한국 전쟁 이전 시기, 둘째는 한국 전쟁 이후의 1950년대, 셋째는 4·19혁명 시기, 넷째는 1960년대 중반을 거치면서 사망하기까지의 마지막 생애기이다. 이 시기는 각각 '아버지'라는 단어로 대표되는 전통과의 길항, 근대 문명과 설움, 자유의 혁명적 지향, 소시민과 역사라는 시세계로 이어진다. 각각의 시세계는 물론 그의 시의 이미지들 속에서 의미화된 것들이다. 여기에서 우리는 그 시세계의 시간적 전개를 다시 아홉 개의 언어로 구체화해 볼 것이다. 그것은 이 책에 나와 있는 슬픔, 환희, 평온, 고독, 사랑, 존재, 참여, 역사, 현대이다.

2

아홉 개의 언어가 함께 모여 있는 언어를 가리킬 수 있는 하나의 색채를 꼽으라면 '어둠의 색' 혹은 '검은색'이다. 세상의 사물들은 함께 겹쳐져서 자신의 투명도를 감산할 수밖에 없다. 그러나 투명도의 감산을 안다는 것은 그 감산을 포착하는 계기가 있다는 뜻이다. 어떤 징후도 없는데 투명도가 덜해졌다고 느낄 수는 없다. 그러므로 세상의 검은 색채, 혹은 어둠에 대한 말을 김수영의 시가 선택하고 있다면, 그것은 그의 시가 그가 살아온 현실과 관련되어 있다는 사실의 비유이기도 하다. 접촉과 결합 이후에 시의 언어가 어둠 속에서 드러나는 것이다. 과연 그는 이렇게 쓴다.

> 어둠 속에서도 불빛 속에서도 변치 않는
> 사랑을 배웠다 너로 해서
>
> 그러나 너의 얼굴은
> 어둠에서 불빛으로 넘어가는
> 그 찰나刹那에 꺼졌다 살아났다
> 너의 얼굴은 그만큼 불안하다
>
> 번개처럼
> 번개처럼
> 금이 간 너의 얼굴은
>
> —「사랑」 전문

「묘정의 노래」와 「풀」. 요컨대 '울음'과 '울음-웃음'의 한가운데 이 시가 놓여 있다. 이것이 김수영의 '어둠의 핵심'이라고 우리는 잠정적으로 해석할 수도 있는데, 시의 역사는, 시가 대상에 대한 서정적 동일화의 언어를 근본으로 한다는 점에서 사랑의 역사이다. 비록 실패하는 사랑이라고 해도 그렇다. 1960년에 쓰여진 이 사랑의 형용 묘사는 김수영의 여러 감정의 복합체이다. 여기 수록된 「풍뎅이」에서부터 후기의 절창 「사랑의 변주곡」에 이르기까지 시인의 모든 감정이 압축되어 있다고 해도 될 것이다. 패배와 성취, 절망과 기대, 소심과 대범 사이의 감정들은 때로는 시인 개인의 가장 깊은 슬픔이고, 때로는 숨 가쁘게 펼쳐진 세계 혁명의 열렬하지만 내밀한 욕망이자 명상이다. 그런데 저 다채로운 감정들의 양쪽 끝에 울음과 웃음이 있고, 그 감정들 중 사랑이라고 이름 붙여진 장소가 어둠이다. 어둠은 아무것도 보여주지 않은 채 감정을 유발하지만, 보이지 않는 것들로 그 어둠이 가득 차 있다는 사실 또한 알려준다. 그 어둠 속에서 배우는 것이 사랑이라고, "어둠 속에서도 불빛 속에서도 변치 않는 / 사랑을 배웠다"라고 시인은 쓴다. 시인은 사랑을 배운다. 배운 사랑이 다시 세상의 뜨거운 마음을 전할 것이기 때문에 사람들은 사랑에서 세상을 배울 것이다. 사랑은 이를테면 대상이자 기원이다. 사람들은 사랑을 향해 가고 사랑으로부터 살아 나온다. 그곳이 어둠이라고 김수영은 썼다.

사랑으로부터 유래했을 모든 고통의 어둠, 검은 감정의 맴돌이와 동시에 저 어두운 사랑의 번개처럼 피어나는 감정들은 실로 무엇이든 계속하라는 표지일 것이다. 왜냐하면 어둠 혹은 검은 감정은 무엇인가를 발견하지 못한 마음의 장소이며, 그래서 그치지 말고 발견해야 하고 무한정 나아가야 하는 곳이기 때문이다. 이 찰나의 감정은 그러므로 의미의 무한으로 열려 있되 어둠의 안으로만 응축될 수밖에 없는 사물들 자체로 화한다. 시인의 언어가 저 무제한의 정서적 발산을 시라는 작품으로 만들기 때문이다.

그렇다면 김수영의 사랑은 울음과 웃음이라는 정서 표현의 양 끝에서 그것들의 한가운데로 움직이는 무수한 존재들을 제각각의 자리에서 시가 되도록 하는 힘이기도 할 것이다. 사랑을 포함하여, 아홉 개의 언어는 사랑이라는 기원을 향해 움직인 시적 대상들의 정서적 상태나 지향을 가리키는 셈이다. 이것들은 물론 연대기적인 것이라기보다는 시간

파괴적으로 솟아나는 언어들이다. 그것들의 한가운데에 사랑이라는 기원이 있다는 것은, 그것들이 시간을 초월해서 무제한적으로 있다는 뜻이다.

　우선 '비애'와 '환희'를 포착할 수 있다. 그것들은 울음과 웃음의 내면세계이다. 울음의 안쪽에는 비애가, 웃음의 안쪽에는 환희가 있다. 이 비애와 환희 중에는 「너를 잃고」처럼 시인의 삶의 비참 때문에 초래된 작품도 있고, 「아픈 몸이」처럼 왜곡된 현실의 시대를 육체적으로 비유하는 작품도 있다. 「누이야 장하고나!」는 현실의 역사적 격변이 가져오는 위험을 무심한 듯 감수하는 누이의 모습에서 환희를 발견하고, 「여름밤」은 사소한 소음과 생의 환희를 노래한다. 넓혀 말하면, 김수영의 시에는 가장 사소한 먼지와 모래에서부터 가장 거대한 역사의 뿌리는 물론이고 가장 숭고할 신의 영역이 모두 들어 있다. 인간과 인간적 풍경만 있는 것도 아니다. '헬리콥터'나 '미농인찰지'나 '마켓팅'이 시적 언어에 포착되는 순간은 기존의 서정적 동일화라는 정서적 원리가 송두리째 밀려 나가 버리는 순간이다. 모두 시 안에 들어있지만, 그것의 의미는 시의 해명되지 않을 어둠 속에 있을 뿐이다. 그것은 미지의 기슭을 통해서만 사람에게 내려올 뿐 눈에 보이는 것이 아니다. 실패를 예감하면서 그것을 눈앞에 두고 바라보는 행위야말로 가장 강인한 고독일 것이다. 김수영은 시적 혁명이 절대를 추구하기 때문에 실패할 수밖에 없다고 일기에서 쓰고, 그래서 혁명은 고독할 수밖에 없다고 노래했다. 그런 의미에서 고독은, 사랑에 빠져버린 사람이라면 감수해야 할 삶의 조건이다. 그 모든 것이 그 자신들의 기원으로 사랑을 가지고 있으며, 그 사랑이 어둠에서 배운 것이고, 어둠은 보이지 않되 보이지 않는다는 바로 그 사실 때문에 모든 것을 포괄하는 장소라는 점에 동의

할 수 있다면, 그의 시에 어둠과 사랑과 번개의 불안이 점철되어 있더라도 고독의 강인과 평온이 동시에 나타난다는 사실은 충분히 이해될 수 있는 것이다.

김수영의 사랑이 이렇게 변주되어 간다는 사실을 잘 보여주는 시가 「사랑의 변주곡」이다. 시에는 욕망이 있고 슬픔이 있으며, 신념과 명상 그리고 아버지와 아들이 있다. 여기에는 이를테면 세대가 있고 개인과 역사의 삶이 있다. 이렇게 사랑의 변주곡은 저 모든 현실적 삶들의 벅찬 움직임을 끌어안는 노래이다. 세계를 '의심하고' 세계 속에서 '미쳐 날뛰면서' '아버지 같은 잘못된 시간'을 넘어서 "사랑을 알 때까지 자라라"라고 시의 화자는 아들에게 말한다. 그러니까 알아야 할 것은 다른 모든 것 위에 있는 한 가지, 사랑이다. 이 변주곡이 시를 읽는 사람의 격렬한 정서 운동을 끌어내는 것은 시의 표면에 드러난 언어들을 통해 환기된, 보이지 않는 사물과 의미들의 어떤 꿈틀거림이 있기 때문이다. 그것을 사랑의 '변주곡'이라고 기록함으로써 시인은 세상의 모든 삶의 변주가 사랑으로 귀결된다는 사실을 전달하고 있다. "이제 가시밭, 덩굴 장미의 기나긴 가시 가지 / 까지도 사랑이다 // 왜 이렇게 벅차게 사랑의 숲은 밀려닥치느냐"(「사랑의 변주곡」)라는 말은 이 시의 전제이자 중간이자 결론이다.

'사랑' 다음에 '존재'와 '참여', '역사'와 '현대'는 다시 하나씩의 의미론적 대쌍을 이루는 언어들이다. 김수영은 언어의 존재론에 연결될 언어 작용과 의미의 주장에 연결된 언어 서술을 동시에 강조했던 시인이었다. 시의 언어는 '사물'이기도 하지만(김수영은 사물로서의 시에 대한 프랑스 시인들의 관심을 정리한 글을 1958년에 번역했다), '의미의 진술이 끝까지 살아 있어야 하는 언어'(「현대성에의 도피」)이기도 하다. 김수영에게 시의 존재론은 이렇게 시의 참여론과 통합되어 있다. 의미는 거부되어야 하는 것이 아니라 시의 내부에서 신생되어야 하는 것이었다. 이 생각이야말로 현대성에 대한 그의 시를 역사에 대한 새로운 발견으로 이어 놓는 동력일 것이다. 특히 그가 발견하는 역사는, 세계의 현재가 스스로 올라탄 속도 속에서 그 자신마저 덧없이 소멸시켜버리는 현대성의 경험을 4·19혁명에 의해 뒤로 밀쳐 버린 사건 이후의 시기, 나아가 1965년의 한일협정을 전후한 시기의 시의 내용이다. 이 역사는 그의 초기 시에서 아버지와 공자가 상징했던 억압적 전통의 무게를 극복하고 민족의 거대한 뿌리를 이룬 민중 재발견에 의해 설명되는 역사이다. 이 민중적 역사를 재발견하는 사건이 바람과 풀의 존재론적 파장을 노래하는 「풀」의 시기에 함께 엮여 있다는 사실이야말로 다시 의미심장하다. 그것들은 두루두루 뒤섞여 있다. 그리고 각각 존재한다.

이렇게 각각 존재하는 아홉 개의 언어로 시를 읽으면서 우리의 관심은 시 자체로 돌아온다. 모든 언어는 시의 산마루에서 사람에게로 내려가는 길 속에 있다. 사람이 시를 불러오는 마음의 갈래에 언어가 있다고 해도 될 것이다. 이 갈래들의 전체적인 경험이 삶의 숨결들을 다듬어 준다면, 결국 우리는 그 언어들이 '시'라고 불리게 되는 아름다운 과정 자체에 도달해야 한다. 시를 시로써 읽는 시인의 자의식이 그래서 주목될 수밖에 없다. '시로 쓴 시'라는 말은 김수영의 시적 상상이 끝내 도달하여 펼치게 될 언어 체계들의 형상화이다. '시로 쓴 시'의 주제가 무엇인가가 중요한 것이 아니라 그 시가 쓰여지는 논리가 주목되어야 하는 것이다. 여기에 수록된 14편의 '시로 쓴 시'는 모두 시와 언어 혹은 시의 음률에 대한 사유를 드러내 준 작품들이다. 이 작품들은 김수영이 시 자체에 대한 어떤 자의식을 가지고 있었는지 알아보기에 충분한 것들인데, 특히 「눈」을 주목해 보도록 하자. 김수영 자신이 「시작 노트 6」(1966)에서 "상이하고자 하는 작업과 심로心勞에 싫증이 났을 때, 동일하게 되고자 하는 정신挺身의 용기가 솟아난다"라고 스스로 상찬했던 시이다. "만세! 만세! 나는 언어에 밀착했다."라는 자기 평가도 있다. '언어에 밀착했다'라는 말은 정신의 용기와 연결하여 이해할 수 있을 것이다. 이 정신의 용기야말로, 그가 '시의 형식은 투신만 하면 간단히 해결된다'라고 썼던 말의 사후 의미 부여라고도 할 수 있다. 자신의 모든 것을 바치는 행위, 그것이 사랑이라는 말을 해두는 것은 노파심 때문만은 아니다.

이상은 김수영 시의 언어들의 획득하고 있는 상상적 구조의 체계이다. 이 아홉 개의 언어들이 필연적이고 논리적인 순서 속에 있지 않고 각각 간헐적으로 나타난다는 사실은 이 시적 상상이 무엇인가에 매이지 않은 채 스스로 부여하는 자율적 운동의 힘으로 전개된다는 것을 의미한다. 다시, 그런데 이 자율은 뜻밖에도 김수영의 첫 시와 마지막 시의 의미 영역 안에서 펼쳐지는 것이었음을 우리는 지금까지 살펴봤다. 요컨대 자율적인 언어 스스로 이미 하나의 체계를 이루고 있었던 것이다. 아홉 개의 언어는 '울음'과 '울음-웃음'의 양 끝, 요컨대 김수영 시의 처음과 끝에서 점점이 시간을 초월하면서 펼쳐진 상상의 범주들이다. 이 시적 상상들은 다시 말하지만 연대기적인 것이 아니다. 시들은 김수영의 시적 생애 전시기에 걸쳐 시간의 앞뒤를 가로지르며 생성과 소멸의 흐름을 반복한다. 당연히 반복은 차이를 동반하는 것이기 때문에 상상의 범주를 채우는 언어들은 변이될 수밖에 없는데, 이 달라짐의 양상만을 우리는 그의 시에서 경험하려 했다. 양상을 드러내는 언어들이 마지막으로 도달하는 '시' 자체는 그러므로 사랑의 형식이 된다.

'어둠' 속에서 '번개처럼 금이 간 너의 얼굴'과 함께 배우고 만들어가는 사랑이란, 사용되는 언어만큼이나 극적으로 나타나고 소멸하는 감정과 표현의 사건일 수밖에 없다. 이때의 사랑은, 비유적으로는 한국 현대사의 여러 순간과 맺는 관계를 비유하는 것일 수도 있지만 보다 직접적으로는 생성과 소멸의 찰나만큼이나 사랑 자체의 의미와 양상에 집중할 수밖에 없는 사랑이기 때문이다. 번개 앞에서 사랑을 보는 사람은, 훗날 그것을 역사적 사건의 생성의 순간이라고 해석할 수는 있어도 지금 당장 역사를 떠올릴 수 없다. 그래서 중요한 것은 개별적인 사랑의 의미화이다. 아홉 개의 언어가 그렇게 태어났을 것이다. 첫 시와 마지막 시의 표지 안쪽에서 그리고 시로 쓴 시의 자율적 언어체계를 이루면서 김수영의 언어 구조가 만들어지고 있는 것이다.

3

그의 시에 체계를 부여한다는 것은 시적 의미들이 서로 당기고 미는 의미의 자장을 밝혀 놓는 일을 뜻한다. 다시 말해 분류된 것들의 단순한 전체 집합이 체계가 아니라 그 분류된 것들의 얽힘과 풀림의 관계가 체계[1]이다. 분류된 것들은 체계의 구성요소이되 그 체계로 단순 환원되지 않는 자율적 영역들이다. 이 체계 속으로 구성 요소들이 들어갈 때 의미의 다양성이 확보된다. 이것이 의미의 열린 생성인데, 우리는 이것을 김수영의 시 「풀」에서 경험한 바 있다. 이때 의미의 열린 생성이란 의미의 중심이 없다는 사실을 말하는 것이 아니라 숨겨진 상태의 중심을 독서 과정에서 찾아내는 것을 뜻한다. 중심이 없으면 생성도 없을 것이다. 그러므로 시의 의미를 읽는 것은 '과정의 시학'을 이루는 행위가 된다.[2] 의미의 중심이 존재한다는 것은 두 가지 점에서 그러한데, 그 하나는 텍스트에 감춰진 것으로서의 시 내부의 중심을 말하고 다른 하나는 현실로서의 시 외부의 중심을 말한다. 김수영은 '시인의 스승은 현실'이라고 말한 바 있다. 그 말은 이렇게 고쳐질 수 있다. '독서의 스승은 현실이다.' 다른 말로 하면, 독자는 현실 속에서 매번 새 의미를 캐내게 된다.

매번 새 의미가 나타나는 과정은 매 순간 목숨을 건 도약과도 같은데, 이것이 곧 체계의 구성 요소인 사건이다. 산문 「생활현실과 시」의 말로 하면 이 사건은 '시적 죽음과 현실의 새로운 의미 생성'이라고 표현될 것이다. 시간 속에서 진행되는 이 사건의 변모가 곧 김수영 시세계의 변모이다. 그러나 김수영의 변모는 사회 구조를 따라가는 변모가 아니

---

1) '체계(system)'는 사회학자 니클라스 루만(Niklas Luhmann)의 용어이다. '구조'가 불변하는 본질적 요소를 전제한다면 체계는 루만에 따르면 시간 속에서 존속과 소멸을 기본으로 하는 사건들을 구성 요소로 한다. 우리가 김수영 시의 '전체 구조'라고 하지 않고 '전체 체계'라고 한 이유는 그 때문이다. 그러나 이 글이 루만의 '사회적 근대성'과 '의미론적 근대성'에 대한 문제 설정을 그대로 따르는 것은 아니다. '사회적 근대성'이란 객관적 현실로 존재하는 근대의 특성이고 '의미론적 근대성'이란 그 사회적 근대성에 대한 해석이다. 루만은 의미론이 사회 구조를 따라가야 한다고 말한다. 그는 근대 이성 중심주의에 도전하는 해체 전략이 사실은 이미 체계 기능적으로 분화된 사회구조의 결과물일 뿐이라고 말하면서 그 해체주의의 오류를 바로잡아 '근대 다시 쓰기' 작업을 추진해야 한다고 주장한다. 그러므로 루만의 문제 설정은 근대를 벗어나는 지점에 대해 아무 말도 하지 않는다는 점에서 궁극적으로는 사회적 근대의 방어이다. 그러나 시를 읽는 일은 언어의 사회적 재현을 충분히 넘어서야 하는 것이라는 점에서 루만의 궁극적 의도를 초월하는 일일 수밖에 없다.

2) Antony Easthope, Poetry as Discourse, 박인기 역, 『시와 담론』, 지식산업사, 1994, 25면 참조.

라 그 사회 구조를 넘어서는 가능성을 타진하는 변모라는 점에서 루만과 달라진다는 사실을 또한 지적해 두기로 한다.

김수영 시의 전체 체계를 볼 때, 1940년대의 시가 고려의 대상이 되어야 하는 이유는 단순히 김수영의 전체 시를 살펴보아야 한다는 형식적 필요성에 있지 않다. 오히려 그 이유는 이 시기에 「묘정의 노래」와 같은 작품을 필두로 해서, 특히 1960년대에 전면화되는 역사의식의 단초가 드러나고, 또한 반성적 자아의 모습이 나타나며 자기 부정의 전복 정신이 시에 형상화된다는 데 있다. 그러나 이 시기의 구성 요소들은 전쟁의 시간을 거치면서 소멸되었다가 현실의 후진성을 극복하려는 노력 속에서 명확한 근대 의식으로 재생산된다. 이 소멸과 재생산이 체계의 자기생산 방식이며, 루만의 말로는 '근대를 다시 쓰는 과정'이다.

1950년대의 김수영 시는 근대에 의해 파괴되는 전근대에 대한 설움으로부터 시작된다. 김수영이 전근대에 대한 정서적 지향을 버리고 근대 자체에 집중한 것은 근대를 통한 근대 넘어서기의 전략이었다. 이때 그는 「방안에서 익어가는 설움」과 같은 시로 근대의 직선적 시간관을 수락하는 자세를 보여준다. 그의 시의 속도 추구는 이러한 시간관의 또 다른 표현이다. 그래서 1950년대 김수영은 직선적 변모를 보인다고 말할 수 있다. 이것은 일종의 '근대 따라잡기'이다. 「레이판 탄」으로 표상되는 '사회적 근대'는 '의미론적 근대'로 다시 씌어질 필요가 있는 것이다. 이 시기 김수영의 시와 관련하여 근대에 대한 루만의 설명이 유효한 지점은 여기까지이다. 왜냐하면 루만에게는 근대를 해체하려는 '의미론적 근대'로부터 '사회적 근대'를 보호하는 것이 주요 의도지만, 김수영의 시는 가령 「비」나 「미스터 리에게」에서는 그 사회적 근대를 넘어서는 행위의 필연성에 대해 말하고 있기 때문이다. 그럼에도 불구하고 이 시기 김수영의 시를 전체 체계의 구성 요소로 이해하는 일이 무의미하지 않은 것은 그의 시적 변모가 시간의 조건 속에서 순수한 자기 동일성을 파괴하는 과정을 거쳐 이루어지기 때문이다. 예를 들면, 그의 시는 전근대에 대한 인식의 변모를 보여주고 설움에 대한 인식의 변모도 보여주며 근대에 대한 인식의 변모도 보여 준다. 이러한 소멸과 재생산의 과정에 있는 것이 시간적 복합물로서의 체계이다.

    1960년대 김수영의 시는 한 번의 혁명적 고양과 좌절, 그리고 지속적 회복의 양상으로 나타난다. 지속적이라는 말은 이때의 회복이 단순히 1950년대의 근대 인식의 상태를 복원시키는 것으로서의 회복이 아니라 그것을 뛰어넘는 상태로의 회복이라는 사실을 뜻한다. 1960년대 김수영의 시가 보여주는 지속적 회복의 양상은 문학이라는 자기 생산 체계의 논리를 통하지 않고는 제대로 설명하기가 쉽지 않다. 왜냐하면, 문학을 둘러싸고 있는 현실은 그의 시에 구현되고 있는 시적 내용의 징후적 현실 극복과 대비될 때 훨씬 뒤떨어져 있었기 때문이다. 이를테면 체계와 환경(체계 외부) 사이에 차이가 있는 것인데, 이 시기 그의 시는 「현대식 교량」에 나타나듯이 복수적 시간들이 공존하는 현재를 노래하고 있었지만 현실은 조국 근대화론과 같은 속도전의 담론에 지배되고 있었다. 김수영이 시로써 탐구했던 일상 또한 삶의 공존적 다맥락성을 이야기하는 것에 다름 아니지만, 현실은 경제발전과 반공 이데올로기의 단일 음성을 따라가야 하는 장소였다. 이런 상태에서 그가 시적 발언을 통해 당대의 억압적 현실에 있는 근대 극복의 기미를 읽어낸 것은 그 현실에 그만의 문학적 시선을 던졌기 때문이다. 김수영의 문학과 그의 문학이 몸담고 있던 현실 사이에 모종의 간극이 있는 것인데, 문학은 그렇게 '체계와 환경세계의 차이'에 근거하여 존재한다고 게르하르트

플룸페Gerhard Plumpe는 말한다. 이것은 매체와 형식의 차이를 인지하는 일로 연결되고 그 결과 여러 정서적 반응을 유도하는 우연적인 작품으로서 문학을 관찰하는 일로 이어진다. 플룸페는 근대 세계에서 문학의 기능적 분화 이후, 문학은 자신이 선호하는 매체를 발견하기 시작했다고 설명한다. 가령 낭만주의는 그 스스로를 형식 획득의 매체로 이용하고 리얼리즘은 매체 자원으로서의 환경을 배타적으로 이용하며 아방가르드의 경우 예술을 삶 속으로 지양하기 위해 형식이 매체 속에서(다다) 혹은 매체가 형식 속에서(미래주의) 되돌려져 나타난다는 것이다. 요컨대 이제는 문학이 현실을 선택하는 시대가 된 것이다. 그런데 이 말이 문학과 현실의 절대적 단절이나 현실에 대한 문학의 절대적 자율성으로 읽힐 수 없음은 물론이다. 왜냐하면 문학은 현실의 장場 속에서 의사소통의 매체로 이용되는 것이기 때문이다.

1960년대의 김수영의 일상시도 문학적 매체에 대한 그의 선호도로써 이해될 수 있다. 다시 말해 그는 현실에 의해 일상 속으로 떠밀린 것이 아니라 그 일상을 선택해서 들어간 것이고, 그럼으로써 그것을 시의 형식으로 재구성해 낸 것이다. 그의 일상시가 현실을 뚫고 나가기 위한 전략적 선택이라고 이해되어야 하는 이유가 여기에 있다. 그 전략의 전형적인 모습은 공존하는 시간의 양상이다. 1950년대 그의 시가 속도에 실린 직선적 시간을 추구했었다는 점을 고려한다면 이는 아주 커다란 변모가 아닐 수 없는데, 공존적 시간이란 속도전으로서의 근대의 본질에 대한 반정립이라는 성격을 지닐 것이다. 그는 유정柳呈에게 보내는 편지에서 근대의 속도전을 다음과 같이 정리한 바 있다.

요즘 스피드速度와 빈곤에 대해서 생각하고 있어요. 스피드=욕망

=양량의 존중=출판사의 요구=낙오하지 않기 위한 현대 수신의
　　　제일과第一課=빈곤을 초래하는 특효약=유정 씨가 일찌기 터득하
　　　고 계신 현대문명의 진단서=김수영이 고집하고 있는 질質의 향상
　　　의 불구대천지구不具戴天之仇

　속도를 추구하는 것이 김수영에게 일종의 모욕적 삶이었음을 알려주는 진술이다. 속도의 추구는 시간을 다투는 행위를 의미하고 따라서 도달해야 할 곳을 향한 획일적 과정이 수반되는 것인데, 그것이 그에게 "불구대천지구"로 설명되고 있다. 그가 언제부터 이런 생각을 하게 되었는지는 분명치 않지만, 여기에서는 반속도주의의 시적 인식이 일상에 대한 관심과 무관하지 않으리라는 사실에 주목하기로 하자. 김수영이 이 시기의 시에서 보여주고 있는 일상은 속도를 쫓아가는 일상이라기보다는 그 속도의 대열로부터 추방당한 것들의 일상이다. 속도의 대열로부터 추방되는 순간, 그 추방된 것은 시간을 놓고 벌이는 획일적이고 경쟁적인 삶의 영역에서 벗어나게 된다. 이렇게 되면서 삶의 다차원적 시선이 확보되는데, 이것이 바로 김수영의 시에서의 공존적 시간의 등장과 관련될 것이다. 이 공존적 시간의 예로는 「현대식 교량」이 대표적이지만 「거대한 뿌리」도 동일한 현실 인식을 보여준다. 「현대식 교량」이 다리 위에서의 시간적 겹침을 노래한다면 「거대한 뿌리」는 그 겹쳐진 시간의 구체적 삶들을 노래한다. 또 「풀」은 그 겹친 삶들의 마찰을 통해 의미가 생성되는 순간을 노래한 시이다. 그래서 1960년대 김수영의 시는 거대한 공존의 공간을 보여주는 것이 된다.

4

시의 언어는 의미의 산마루에서 평지의 누군가에게 내려가는 여러 갈래의 기슭이다. 시집에 뽑아 놓은 아홉 개의 언어가 그렇다. 독자들은 김수영의 이 언어가 그의 시로 펼쳐진다는 사실을 염두에 두어야 한다. 마지막의 분류에 포함된 시편들을 주의 깊게 살펴본 독자들은 김수영의 시적 자의식이 이미 예쁜 시와 같은 것을 초월하고 있다는 사실을 알게 된다. 그의 시는 노래였다가 울음이었다가 웃음이 되는 시이고, 따라서 언어 작용 자체를 통해 언어 서술의 영역으로 확장되고 깊어지는 시이다. 이 확장과 깊이가 곧 산마루를 내려오는 언어의 형상이다.

그의 시는 '묘정'의 울음에서 시작하여 '풀'의 울음으로 돌아가고 울음의 끝을 웃음으로 마무리한다. 시인의 의도와는 무관하게 이것이 결국 그의 시의 생애가 되었다. 그래서 이것을 우리는 시인의 운명이라고 해야 할 것이다. 이 운명에 드리운 그림자를 읽고 덮는 사람의 눈앞에 매번 눈이 내릴 것이다. 폐허에, 폐허에 눈이 내릴 것이다.

시그림집 참여 화가들(가나다순)

김선두

1958년 전남 장흥 출생
중앙대학교 예술대학 한국화과 및 동대학원 졸업
중앙대학교 예술대학 한국화과 교수

개인전(30여 회)

하나씨와 봄(오느른갤러리, 김제)
김선두전(학고재갤러리, 서울)
김선두전(아트센터 쿠, 대전)
김선두의 먹그림(포스코미술관, 서울)
별을 보여드립니다(학고재갤러리, 상하이, 중국)

단체 및 초대전

닮음과 닮지 않음—산경유무山徑有無(겸재정선미술관, 서울)
산을 등지고 물을 바라보다—전남도립미술관 개관 특별전(전남도립미술관, 광양)
붓다의 향기(동덕아트갤러리, 서울)
DMZ전(문화역서울 284, 서울)
평창 동계올림픽 기념전—Fire Art Festa 2018(경포해수욕장, 강릉)
2018 전남 국제수묵비엔날레(목포문화예술회관, 목포)
남도 문화의 원류를 찾아서—진도 소리(신세계갤러리, 서울)
옛길, 새길(복합문화공간 에무, 서울)
당대 수묵(학고재갤러리, 서울)
한국화의 경계, 한국화의 확장(문화역서울 284, 서울)

박영근

1965년 부산 출생
서울대학교 미술대학 서양화과 및 동대학원 졸업
성신여자대학교 미술대학 서양화과 교수

개인전(30여 회)

횡단하는 이미지(이상원미술관, 춘천)
내 속에 너무 많은 나(자하미술관, 서울)
열두 개의 사과(금산갤러리, 서울)
속도, 폭력, 힘, 시간, 생명(아라리오갤러리, 천안)
죽음, 만찬, 여정(문예진흥원 미술회관, 서울)

단체 및 초대전

여성신곡(자하미술관, 서울)
김소월 등단 100주년 기념 시 그림전(교보아트스페이스, 서울)
BAMA 지역작가 특별전(BEXCO, 부산)
회화의 귀환―재현과 추상 사이(예술공간 이아, 제주)
판화하다―한국현대판화 60년(경기도미술관, 안산)
Who is Alice(Spazio Lightbox Gallery, 베니스, 이탈리아)
몽유천(국립현대미술관, 과천)
Artists with Arario 2011, Part 3(아라리오갤러리 청담, 서울)
코리안 랩소디 역사와 기억의 몽타주(리움미술관, 서울)
Present from the Past(주영한국문화원, 런던, 영국)

서은애

1970년 울산 출생
이화여자대학교 미술대학 동양화과 및 동대학원 졸업
이화여자대학교 조형예술대학 동양화전공 교수

개인전(15회)

날카롭고도 무거운(아트비트갤러리, 서울)
관계의 관계(갤러리 도스, 서울)
뜯겨져, 나온(포네티브 스페이스, 파주)
열리지 않는 문(씨알콜렉티브, 서울)
인생_길 위의 나그네(갤러리 한옥, 서울)

단체 및 초대전

현대 한국화의 길(한벽원미술관, 서울)
그림 없는 미술관(청주시립미술관, 청주)
한국화를 넘어―리얼리티와 감각의 세계(무안군 오승우미술관, 무안)
근대 동양화의 거두―현초 이유태 선생 탄생 100주년 기념전(이화아트센터, 서울)
畵畵―미인도취(세종문화회관 미술관, 서울)
멈추고, 보다: 한국화 소장품 특별전(국립현대미술관, 서울)
미술과 이상(이화여자대학교 박물관, 서울)
의미의 패턴(아트센터 화이트블럭, 파주)
우리문화의 멋과 민화(고양아람누리 아람미술관, 고양)
정원―국립현대미술관 서울관 개관 1주년 기념전(국립현대미술관, 서울)

이광호

1967년 충북 청원 출생
서울대학교 미술대학 서양화과 및 동대학원 졸업
이화여자대학교 조형예술대학 서양화전공 교수

개인전(13회)

Touch(국제갤러리, 서울 / 조현화랑, 부산)
그림 풍경(국제갤러리, 서울)
어루만지다(갤러리 소소, 파주)
Lee Kwang-Ho(조현화랑, 부산)

단체 및 초대전

보태니카(부산시립미술관, 부산)
자연, 그 안에 있다(뮤지엄 산, 원주)
환영과 환상(국립현대미술관, 서울)
Christie's Asian Contemporary Art(홍콩컨벤션센터, 홍콩)
Asia Art Archive Annual Fundraiser(할리우드센터, 홍콩)
AMMA UMMA!(인도국제교류센터, 뉴델리, 인도)
리얼리티, 재현과 자율 사이(경남도립미술관, 창원)
Korean Eye 2012(사치 갤러리, 런던, 영국)
한국의 그림—매너에 관하여(하이트컬렉션, 서울)
추상하라!(국립현대미술관 덕수궁, 서울)

이인

1959년 서울 출생
동국대학교 예술대학 미술학과 졸업

개인전(20여 회)

Stonescape(통인옥션갤러리, 서울)
문학과 미술 La Rural Predio Ferial(부에노스아이레스 한국문화원, 아르헨티나)
문학을 닮은 그림, 그림이 말한 문학(교보아트스페이스, 서울)
푸른 것도 아닌, 희거나 검은 것도 아닌(문예진흥원 미술회관, 서울)
그려진 관계(금호미술관, 서울)

단체 및 초대전

공(서소문성지 역사박물관, 서울)
수묵 신작로(광주시립미술관, 광주)
자연 自然: 동해와 독도(예술의전당 한가람 디자인 미술관, 서울)
전망: 자연, 바다, 독도 그리고 화가의 눈(이천시립월전미술관, 이천)
One breath-Infinite Vision(뉴욕 한국문화원, 뉴욕, 미국)
一息千面일식천면(Ink Studio, 베이징, 중국)
KIAF(코엑스, 서울)
Calligraphy as Process(Garage Cosmos, 브뤼셀, 벨기에)
전남 국제 수묵비엔날레(목포문화예술회관, 목포)
한국의 진경: 독도와 울릉도(예술의전당 서울서예박물관, 서울)

임춘희

1970년 함평 출생
성신여자대학교 미술대학 서양화과 졸업
독일 슈투트가르트 국립 조형 예술대학 연구과정(Aufbaustudium): 회화전공 졸업

개인전(15회)

겨울바람(갤러리 담, 서울)
나무 그림자(통인옥션갤러리, 서울)
흐르는 생각(서울대학교 호암교수회관, 서울)
희화화된 회화(브레인 팩토리, 서울)
심리적 자화상들(송은갤러리, 서울)

단체 및 초대전

드로잉 박스_Traveling Box(소마미술관, 서울)
여성의 일: Matters of Women(서울대학교미술관, 서울)
SeMA 신소장품 《하늘 땅 사람들》(서울시립미술관, 서울)
아트프로젝트울산(창작공간그루, 울산)
Dream on Drawing(자하미술관, 서울)
아시아 호텔 아트 페어(갤러리 비원 / JW 메리어트 호텔, 서울)
표정과 몸짓_소마미술관 소장품(소마미술관, 서울)
이완된 풍경_김명진, 임춘희 2인전(기당미술관, 서귀포)
산책: 느리게 걷기(제주도립미술관, 제주)
아트: 광주(김대중컨벤션센터, 광주)

김수영 탄생 100주년 기념 시그림집
폐허에 폐허에 눈이 내릴까

초판 1쇄 발행 2021년 8월 31일

지은이 김수영
엮은이 박수연
발행인 안병현
총괄 류승경
편집장 박미영
기획편집 김혜영 정혜림 조화연 **디자인** 이선미 **마케팅** 신대섭

발행처 주식회사 교보문고
등록 제406-2008-000090호(2008년 12월 5일)
주소 경기도 파주시 문발로 249
전화 대표전화 1544-1900 **주문** 02)3156-3681 **팩스** 0502)987-5725

ⓒ김은, 2021
ISBN 979-11-5909-874-1 (03810)
책값은 표지에 있습니다.

• 이 책의 내용에 대한 재사용은 저작권자와 교보문고의 서면 동의를 받아야만 가능합니다.
• 잘못된 책은 구입하신 곳에서 바꾸어 드립니다.